仕事ができる人の

脳にいい24時間の使い方

菅原洋平

作業療法士

フォレスト出版

手帳にはさんで持ち歩く
「脳を活かす24時間のスケジュール」

起床してスグ

- 窓から1メートル以内の場所に移動し、光を浴び、朝からスタートダッシュを切る。

朝一番

- 簡単に日記を書くことで、行動力が高まる。

起床 2 時間後

- 重要な決断を行なう。

起床 3 時間後

- 新しい仕事に手をつけてみる。
- メールチェックはなるべくしない。

起床 4 時間後

- 最も“創造的”で“知的”な仕事を行なう。

起床 5 時間後

- メンタルが最もタフな時間帯なので、「突っ込んだ議論や提案」「チャレンジングな仕事」を行なう。

起床 6 時間後

- ランチ前に1分間仮眠を行なう。
- ランチ中の情報収集は、脳を消耗させるので注意。

起床 7 時間後

- 午後の時間帯は、手と目が連動する仕事を行なう。
- 書類・資料作成、事務的な作業を行なう。
- テンションが高まるので、不用意な発言には注意。

起床 8 時間後

- テンションが下がり、ボーっとする時間帯なので、「打ち合わせ」「会議」はなるべく避け、ルーティン作業を行なう。

手帳にはさんで持ち歩く
「脳を活かす24時間のスケジュール」

起床 9 時間後

- 楽観的になる時間帯なので、自分の行動を振り返り、作戦を練り直す。

起床10～11時間後

- 「今日やらないこと」を決める。
- ハイパフォーマンスな時間なので、やると決めた仕事をサクサクこなして、定時に帰る準備をする。

※もし、運動ができるなら、夕方行なうと脳のリズムが整う。

起床12時間後

- 夕食。
- もしもアルコールが飲みたくなったら、コップ1杯の水か白湯を飲んでから、お酒を飲む。

起床13時間後～

- 睡眠の準備に入る。
- 部屋の照明を調節して、光の量を減らす。
- 浴室の照明を消して入浴。
- 睡眠1時間前に、自己投資の学習を行なうと知識が定着する。
- 布団に入ったら、テレビ、携帯電話、パソコンを遮断して、冷たい物をあてて、耳から上の頭を冷やす。

※布団に入って15分間待っても眠気がこなければ、布団から出る。約1時間後にくる、眠気を待つ。

まずは、できることからやってみよう！

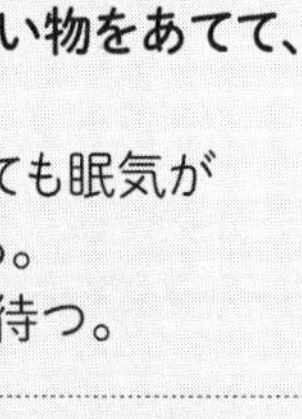

はじめに　結局、脳の時間を制する人が、仕事を制す

私たちの脳と体には、あらかじめ作業スケジュールが組まれています。つまり、時間帯によって、力を発揮できること、発揮できないことが決まっているのです。

人間は、24時間、絶えずなんらかの作業をしていて、何もしていないときでも、「何もしていない」という作業をしています。

だからこそ、**脳と体に備わっているスケジュールを知り、自分のスケジュールをそれに噛《か》み合わせれば、仕事でもプライベートでも、やりたいことにしっかりと力を注ぐことができる**ようになります。

本書では、現在、様々な現場で活用され始めている、時間を使ったパフォーマンス向上メソッドをご紹介していきます。

私の職業は、作業療法士というリハビリテーションの専門職です。作業療法士の仕

事は、脳と体の力を最大限に引き出し、一つひとつの作業を充実して行なうお手伝いをすることです。

また、脳の機能を活かした人材開発を行なうビジネスプランを基に、現在、クリニックで臨床を行なうかたわら、企業研修を全国で行なっています。

私の会社名のユークロニアとは、ユー（理想の）、クロ（時間の）、ニア（世界）という、時間生物学で使われる造語です。

「脳と体が持つリズムと、社会生活のリズムを噛《か》み合わせれば、パフォーマンスが上がり、不調を防ぐことができる」という意味がこめられています。

私は、患者さんの能力を引き出すために、人間が持つ**「2つの基本的な原理」**に従って治療をします。

ひとつ目は、人間は同じ作業でも、より能力が発揮される時間帯に行なったほうが、上達が早いということ。

2つ目は、すべての作業を行なう際に、脳と体にとって最適な時間帯があるということです。

この科学的根拠を基にして、ビジネスパーソンが生産性の高い仕事をするために、やることは単純です。

脳には、**「この時間帯に、この仕事をすれば、質もスピードも上がる」**という時間の使い方があることを知り、あなたの仕事のスケジュールを組むこと。

そのために、**脳と体が正常にリズムを刻むための「コンディションを整える習慣」**を生活の中に持つことです。

本書では、そのことについて、〝無理〟〝ムダ〟〝根性論〟なしで、実践できる方法をご紹介しました。

脳の作業スケジュールと、あなたの仕事のスケジュールのミスマッチも改善することができます。

「仕事の質、効率が上がらない」「スキルが向上しない」という悩みを解決するために、本書でご紹介する方法を試してみてください。やっていることは同じでも、行なう時間を変えるだけで、仕事の効率や作業の完成度が高まることが実感できるはずです。

仕事のノウハウを磨いたり、経験などを積むことばかりに注目してしまいがちですが、理想的なスケジュールを組むだけで、仕事の結果は大きく変わります。

本書では、1日の時間帯をおおまかに4つに分割して、作業を割り当てるだけで仕事の生産性を高める方法をご紹介します。

午前：頭を使う
昼　：手を動かす
夕方：体を使う
夜　：内臓を使う

今、あなたが取り組んでいる作業や仕事を、このパターンに当てはめれば、その効率は、ぐんと上がります。

時間帯ごとに、「やるべきこと」と「やってはいけないこと」がわかるからです。

さらに、4つの時間帯それぞれを1時間ごとに細かく分けて、最適な作業とそのメカニズムをご紹介します。

今でも仕事はこなせているけど、「よりパフォーマンスを高めたい」「仕事の質とスピードを上げたい」「新しいことにチャレンジをしたい」と考えているのなら、本書でお話しすることを、あなたのスケジュールに反映させて、「自分だけのオリジナルな黄金スケジュール」をつくってみてください。

私たちの脳と体を扱ううえでの基本的な原理を知ることで、生産性を高める強い基盤をつくりましょう。

日によってムラがあったり、頑張る方向がブレてしまうことが少なくなり、どんな状況でも、常に安定して力を発揮できるようになります。

本書では、**「スタートダッシュを切るための朝」「生産性を高めるための午前、午後、夕方」「脳と体のコンディションを整える夜」の時間の使い方**を解説しました。さらに、付録として、**「脳のリズムを整える食事のコツ」**もご紹介しています。

本書は、臨床で培《つちか》われた事実を、ビジネスパーソンに応用していただくことで、日々の充実を図り、生産性を高め、精神的、肉体的な病気も防ぐことを目的にしています。

それでは、脳と体に最適なスケジュールを、実現させていきましょう。

菅原洋平

脳にいい24時間の使い方　目次

第3章

〝最も頭が冴える〟午前中には何をすればいいのか？

仕事ができる人の「午前の習慣」

コラム3

第4章

頭が働きづらい午後でも〝生産的に過ごす〟時間の使い方

仕事ができる人の「午後の習慣」

第5章

夕方は体温リズムを使い、サクサク仕事をこなして定時に帰る

仕事ができる人の「夕方の習慣」

第6章

脳のコンディションを整える良質な「睡眠の法則」

仕事ができる人の「夜の習慣」

付録

仕事ができる人の「最強の食事」習慣

コラム7

プロデュース　森下裕士
カバーデザイン　坂川朱音＋西垂水敦（ｋｒｒａｎ）
ＤＴＰ　佐藤千恵（株式会社ラクシュミー）
素材提供：rassco, Leremy, Oxlock, VoodooDot, Lisses, Vaclav Krivsky, bsd, Malinovskaya Yulia, karpenko_ilia, Extezy/Shutterstock.com

第1章

仕事の質とスピードが上がる「時間の使い方」は、すでに科学でわかっている！

できる人は、〝脳のリズム〟に合わせてスケジュールをつくっていた

ImageFlow/Shutterstock.com

脳のリズムが、仕事の〝質〟と〝スピード〟を決めている

ビジネスパーソンにとって、仕事の〝質〟と〝スピード〟を上げ、結果を出すことは永遠の課題です。

しかし、仕事上の失敗や人間関係がうまくいかないなど、壁にぶつかることは誰にでもあります。なかなかスキルが向上せず、同じミスを繰り返してしまい、悩むこともあるでしょう。

その壁を突破するときに必要なのは、持って生まれた能力なのでしょうか、経験した仕事の種類、年数なのでしょうか、それとも、どんな状況にも負けないポジティブな思考なのでしょうか。

私は、これらの先入観を持ってしまうと、労力を費やすことが目的になってしまい、本来の目的である「結果を出す」ということが果たせなくなってしまうと考えています。

あなたには、仕事の質とスピードを向上させる、もっと確実に使える武器があります。その場限りの方法ではなく、すべての人に適応できる科学的な武器。

それが、「時間」です。

時間は、人によって与えられる量に差がなく、すべての人に平等に24時間与えられています。

あなたの脳と体には、**あなたの各種の力が〝最も発揮されやすい時間帯〟があらかじめ決められています。**

簡単に言ってしまえば、「この時間に、この仕事をすれば」スピードも質も上げられるというように、あなたの仕事力がもっと向上する理想的な24時間の使い方があるのです。

その仕組みを知り、脳と体の時間に、自分の作業を割り当ててしまえば、常に調子を落とさず、安定して、平均以上の仕事ができてしまうのです。

今まで思うように結果が出せなかったのは、あなたの才能や能力、考え方が悪かったからではなく、その仕事を行なう時間帯が問題だったのです。

生体リズムに従って仕事を行なっていけば、脳は最大限に力を発揮してくれます。

私は現在、企業において、睡眠を活用することでミスや産業事故を防止し、生産性を向上させる活動もしています。

睡眠は、脳と体の時間が、生活スケジュールに噛《か》み合っているかどうかが最もわかりやすく反映されます。

たとえば、朝スッキリ目覚められず午前中の作業が冴《さ》えないのならば、平日に対して休日の起床時間が、1時間以上遅れていることが原因になります。

まずは、睡眠をみれば、今の自分がきちんと能力を発揮できているのかがわかるのです。

そして、睡眠をコントロールすれば、脳と体のリズムが整い、自然に能力を発揮できます。

本書では、最も簡単にパフォーマンスを上げる方法として、睡眠をコントロールし、さらに、脳と体のリズムを1時間単位に細かく分けて活用していきます。

evening p.m. a.m. morning

経験、スキル、根性より"脳のリズム"を優先する

私たちが発揮するパフォーマンスには、神経伝達物質が大きく関係します。

神経伝達物質とは、ニューロンと呼ばれる神経細胞の神経線維《せんい》末端から放出され、次の細胞を興奮させたり、抑制する物質のことです。

脳科学の知識に基づいたビジネス書を読まれる人は、ドーパミン、セロトニンなどの代表的な神経伝達物質をすでにご存じでしょう。

たとえば、みなさんがよくご存じのアドレナリンも神経伝達物質です。興奮するときには、アドレナリンが分泌されているということが広く知られるようになりました。

スポーツ選手は、試合に臨むときに「アドレナリンがたくさん出るように」コンディションを整えていきますし、無我夢中で何かに没頭しているとき、テンションが上がっているときは、「アドレナリンが出ている」と日常会話に出てくるほどポピュラーな物

morning　night

質です。

アドレナリンは、私たちの気分の変動を担っているように思えます。しかし、一方で、このアドレナリンには、出来事や取り組んでいる課題にかかわらず、たくさん分泌される時間帯があります。

それは、起床から7時間後、6時に起床する人なら13時。昼休みを終えて、「午後の仕事に取りかかろう」というタイミングには、気分も少し高揚《こうよう》していることが多いはずです。

私たちの気分やテンションは、そのとき、その状況で浮き沈みするのですが、それを平均にしていくと基準となる線が描けます。そして、その線が、1日を通して波のように浮き沈みしているのです。

これが脳と体のリズム、「生体リズム」です。

太陽が昇ったり沈んだりしていると思っていたら、実は、地球が太陽の周りを回っていたというように、私たちが日々気にかけている**気分や目の前の仕事への取り組みは、大きな原理である、生体リズムの波に乗っているだけ**といえるのです。

私たちの脳と体は、この生体リズムに従って**1時間単位で発揮される能力が変わります。**

ということは、テンションを上げて取り組みたい仕事があれば、それは起床から7時間後にやれば、努力なしで自然に質もスピードも上げてこなすことができるということです。

逆に、テンションが下がる時間帯にその仕事を行なってしまえば、思うような結果を出せなくなってしまいます。

このように、時間帯を変えるだけで仕事の成果は変わります。生体リズムを知って使いこなすことができれば、あなたは今の

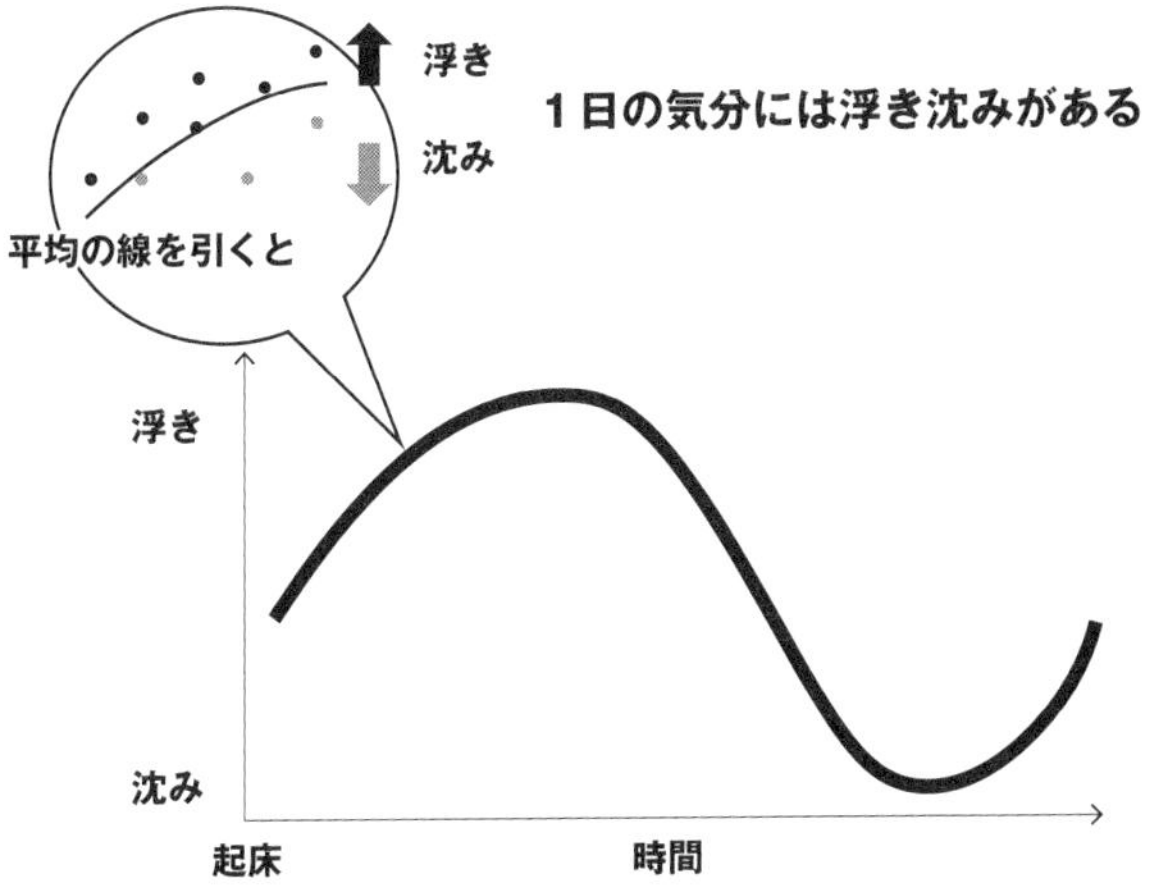

ままで、長く経験を積むことや、スキルを向上させることも、根性も抜きで、高いパフォーマンスを発揮することができるのです。

生体リズムは、起床時間からスタートし、刻まれていきます。正確には、脳に光が届いた時間からスタートします。

そこで本書では、「起床から◯時間後」という考え方を使いながら、お話ししていきます。まずは、すべてのスタートである、脳にとっての「起床」を明確に決めるところから始め、1日のスタートダッシュを切りましょう。

「意図的に朝をつくり、ぼんやりして集中できない」を解消!

脳に光が届くと、生体リズムがスタートします。脳には、網膜《もうまく》からしか光が入りません。

朝、目覚めて、窓から1メートル以内に入ると、1500~2500ルクスの光が得られ、メラトニンの分泌がストップします。

この**メラトニンが、私たちの1日の長さを決めています。**メラトニンは、脳に光が届くと減り、暗くなると増える性質があります。

朝の光でメラトニンの分泌がストップすると、その16時間後にメラトニンが増加して、私たちは眠くなります。この働きによって、私たちは、1日を24時間で過ごすことができています。

「脳にいい24時間」を過ごすためには、このメラトニンによってつくられるリズムが強調されて、メリハリがあることが大前提になります。

たとえば、朝、目覚めても窓際に行かずにいると、メラトニンがしっかり減りません。また、夜になっても明るい部屋の中で過ごしていたり、照明をつけたまま眠ってしまうとしっかり増えません。

すると、「昼間はぼんやりして集中力を欠き」「疲れているのに夜になっても眠くならない」という状態に陥ってしまいます。

こうなれば、**1日の中であなたのパフォーマンスが高まる時間はなくなってしまい、**あなたが、どんなにすばらしいスキルや才能をすでに持っていたとしても、発揮できる力はガクッと下がってしまいます。

　メラトニンの分泌には「リズムがある」ということを意識することが、まずは重要です。朝、強い光を脳に届け、バシッとメラトニンをストップさせれば、夜になると自然に増加して眠くなり睡眠の質も向上します。夜には、照明を調節して暗い環境をつくると、メラトニンの分泌がどっと増えて、朝になると自然に減るようになり、目覚めが良くなります。

生体リズムは、その波が大きくなればなるほど強く安定します。そこで、自分の脳に、明確に朝と夜をつくる発想を持ちましょう。これこそ、脳のコンディションを万全にする秘訣ですし、生産性を高める時間管理の秘訣なのです。

　現在、私たちが生活する世の中は、夜になっても暗くならなくなりました。スペースシャトルから見た午前2時の地球の写真を見ると、日本列島がくっきりわかるほど、こうこうと輝いています。

　夜になれば暗くなるという時代ではないのです。ですから、私たちは意図的に自分で夜をつくらなければなりません。

evening　p.m.　a.m.　morning

また、窓のない部屋で生活をしたり、窓があっても全く光が入らない環境の人もいらっしゃるでしょう。そう考えると、朝を自分で意図的につくる必要があるのです。

朝と夜を自分でつくるという発想は、「24時間休むことなく活動している社会」の中で、私たちが健康を保ち、質の高い仕事をこなすための必須条件です。

現代の働き方は多様です。その中で、ダラダラ朝起きて夜眠る、という生活スタイルだけを追い求めれば、発揮できる力が低下する人が出てしまうのは否めません。

自然に朝と夜を得られなくなった環境を批判したり、憂いてもしかたがありません。

これからは、自分で朝と夜をつくり、どんな環境にも適応して、しっかり能力が発揮できる技術を習得しましょう。

江戸時代の時間感覚を〝科学的〟〝現代版〟にして活用

メラトニンによって1日が始まり、1日が終わる。そして、メラトニンの分泌をうまく調整すれば、1時間ごとに脳と体の働きが変わります。

今の作業に最適な時間帯を知るためには、1日の始まりから「起床○時間後」とカウントをしていくことが大事です。

「今の時間は起床から何時間後なのか」と考えることは、今まであまりなじみがないと感じるかもしれません。

しかし、これは最新の時間医学特有の考え方なのかと思いきや、そうとも言えません。実は、私たち日本人の生活は、この起床から時間をカウントすることになじみがあるのです。

江戸時代には、時間医学と似たような考え方がされていました。江戸時代の時刻では、日の出と日の入りを六つ時として、日の出から日の入りまでを6つに分け、日の入りから日の出までを6つに分け、1日が12に区切られていました。

その一区切りが一刻《いっとき》で、約2時間です。夜中の0時と昼の12時が九つ刻で、そこから数を減らしてカウントしていきます。たとえば、昼の14時頃が八《や》つ刻であり、これは「おやつ」の語源です。

たとえば、時間医学からみてみると、6時に起床している場合、14時にはBMAL1（ビーマルワン）という時計遺伝子が働かない時間となります。BMAL1は、脂肪を蓄積させる役割があるので、14時頃に甘いものを食べても、脂肪がつきにくいことが知られています。

江戸時代の時間カウントと、科学的な時間医学の仕組みはぴったり重なるのです。

ただし、現代の生活から昔に立ち返るのは難しいので、現代は現代なりのやり方で、24時間を使いこなしましょう。

朝をつくるとはいっても、人によっては、仕事の性質上、起床時間がバラバラで、交代勤務や夜間に活動する人もいらっしゃいます。

その場合、週のうち4日以上のリズムが脳と体の基準になります。休日も含めて、平均的な起床時間を、自分にとっての「朝のスタート」と規定してください。

その時間から6時間後までを「午前」、7～9時間後までを「午後」、10～11時間後までを「夕方」、12時間後から次の起床までを「夜」として、ここからの話を当てはめていきましょう。

脳のコンディションを確かめる2つの質問とは？

最大限に力を発揮したいと思う反面、実際に自分の脳がちゃんと働いているのかは、誰にもわかりません。わかるとすれば、なんらかのうっかりミスをしたときです。

仕事上のミスをしたときや、ど忘れ、物を壊す……など、普段の自分ではやらないミスをしたとき、私たちは自分の脳がきちんと機能していないことに気づきます。

しかし、ミスをしてから気づいたのでは遅過ぎます。安定して力を発揮するためには、もっと早い段階で、自分の脳の働きを管理する必要があります。

これまでにお話ししたように、脳がしっかりと働くには、目覚めている「覚醒《かくせい》」と眠っている「睡眠」のメリハリがついていることが必須条件になります。

仕事のノウハウや、スキル向上についてとやかく言う前に、しっかりと眠っておかなければならないのです。

ぼんやりと仕事をしていたり、仕事中にあくびをしていると、周りの人にも頼りな

evening　p.m.　a.m.　morning

い印象を与えてしまいます。

ただ、睡眠中には当然意識がないので、自分がよく眠れたのかそうでないのかは、正確にはわかりません。

「あなたは、おととい、何時に眠り、何時に起きましたか?」

この質問に、正確に答えられる人はほぼいないのです。私たちは、おとといの睡眠について思い出すことすらできません。

「最近全然眠れていない」「一睡もできなかった」などと、おおげさな表現をしてしまう人も多いのですが、実際に記録をとると、全然眠れていないとは言っても、ほとんどの場合、少しは眠っています。

こうしたあいまいな記憶で自分の睡眠を判断していると、日中のパフォーマンスが上がりません。すると、仕事で成果を出せないのは、やる気や性格の問題だという精神論に頭が支配されてしまいます。

そこで、より客観的に自分の脳のコンディションを判定するために、自分に2つの質問をしてみましょう。

【質問①】
「午前」「午後」「夕方」「眠る前」のうち、最も眠いのはいつか？

【質問②】
「午前」「午後」「夕方」「眠る前」のうち、最も冴えているのはいつか？

生体リズムがズレていると、①最も眠いのは「午前」、②最も頭が冴えているのは「眠る前」になります。

残った仕事や勉強など、しなければならないことがあるとき、あなたの頭の中に夜取り組んでいるイメージがわきませんか。

①いつが眠いですか？

◎：最も眠い　○：眠い　△：やや眠い　×：眠くない

	午前	午後	夕方	眠る前
遅れたリズムの人	◎	○	△	×
正しいリズムの人	×	○	×	◎

もし、夜に集中しているイメージがわくのならば、あなたの生体リズムは大きく後ろにズレています。

通常、私たちの脳と体のリズムでは、**①最も眠いのは「眠る前」**、**②最も頭が冴えているのは「午前」**です。これは、昼間に活動して夜眠るという生活リズムの人に限らず、夜に活動する人でも同じです。目覚めて最初の時間帯である「午前」が冴えていて、眠る前には自然に眠気がおとずれます。

"1日に2度"脳が働かない時間帯があると知っておこう

生体リズムには睡眠－覚醒リズムがあり、私たちの脳は1日に2回働かなくなる時間帯があります。

それは、**起床から8時間後と22時間後**です。

1回目の眠気である起床8時間後は、「午後」の時間帯に当たります。

私たちは、昼食を終えた後に眠くなることを経験しますが、生体リズムの研究では、昼食を摂っていなくても、また少量の食事を2時間おきに摂り続けるという条件でも、起床8時間後には眠くなることが明らかになっています。

2回目の眠気は、普段の起床時間の2時間前であり、多くの人は明け方に当たります。どうしても眠れないと思っていても、新聞配達のバイクの音が聞こえてくる時間帯には、ウトウト眠っていたという体験をしたことがある人も多いと思います。

さらに、内臓の温度である深部体温が私たちのパフォーマンスを左右します。私たち人間は、深部体温が上がるほど元気にハイパフォーマンスになり、下がるほど眠くなります。

深部体温が最高になるのは、起床から11時間後です。6時に起床していたら夕方の17時が一番体が元気に動く時間帯で、この時間帯には眠気が起こらないはずです。

これらの組み合わせにより、私たちは「午前」に冴えて、「午後」に眠くなり、「夕方」に元気になって、「眠る前」に眠くなるというリズムになるのです。

「4・6・11の法則」で脳のリズムは整えられる

ここから考えると、私たち人間の理想的なリズムは、午前に頭を使い、午後に短い仮眠をとり、夕方に体を使うと、夜には質の高い睡眠が取れる、ということになります。

これを私は、**起床から4時間以内に光を見て、6時間後に目を閉じ、11時間後に姿勢を良くする**「4－6－11睡眠の法則」として、様々な現場での安全な業務と生産性の向上に活用しています（『あなたの人生を変える睡眠の法則』〈自由国民社〉より）。

最も眠い時間帯と、最も冴えている時間帯という2つの質問で、今の自分の生体リズムを知り、もし、リズムのズレが見られたら、4－6－11の法則を使って修正しましょう。

生体リズムには、ひとつのリズムが整うと、それが基準となってほかのリズムが同調する仕組みがあります。ですから、4－6－11の時間、すべてのことを実行する必要はありません。

どれかひとつ、最もやりやすいことだけを実行してみましょう。たとえば、夕方に運動したり、帰りの電車で一駅前で降りて歩くなど、体温を上げることをすると、自然に朝、目覚めやすくなるのです。

また、朝は目覚めたら窓から1メートル以内に入るようにすれば、昼間はいつも眠かったのが、理想的な就寝時間に眠くなるようになっていきます。

たったひとつのリズムが基準となり、ほかのリズムが同調していくのです。

また、生体リズムを整えるときには、**まずは4日続けてみる**ことが大切です。

これは、3・5日リズムと呼ばれ、私たちの脳は、3・5日ごとに刺激に慣れ、新しい刺激を求めます。これは3日坊主の仕組みでもあります。

3・5日リズムの倍が、7日。1週間のリズムをサーカセプタンリズム、その倍が2週間のリズムでサーカセメディアンリズムと言います。

生活習慣を変えるようなことをすると、2週間後にちょっとした変化が出てきます。

生体リズムは2週間単位で変化するからです。

たとえば、目覚めたら窓から1メートル以内に入るようにしたら、朝、目覚めてか

40代男性の睡眠の変化

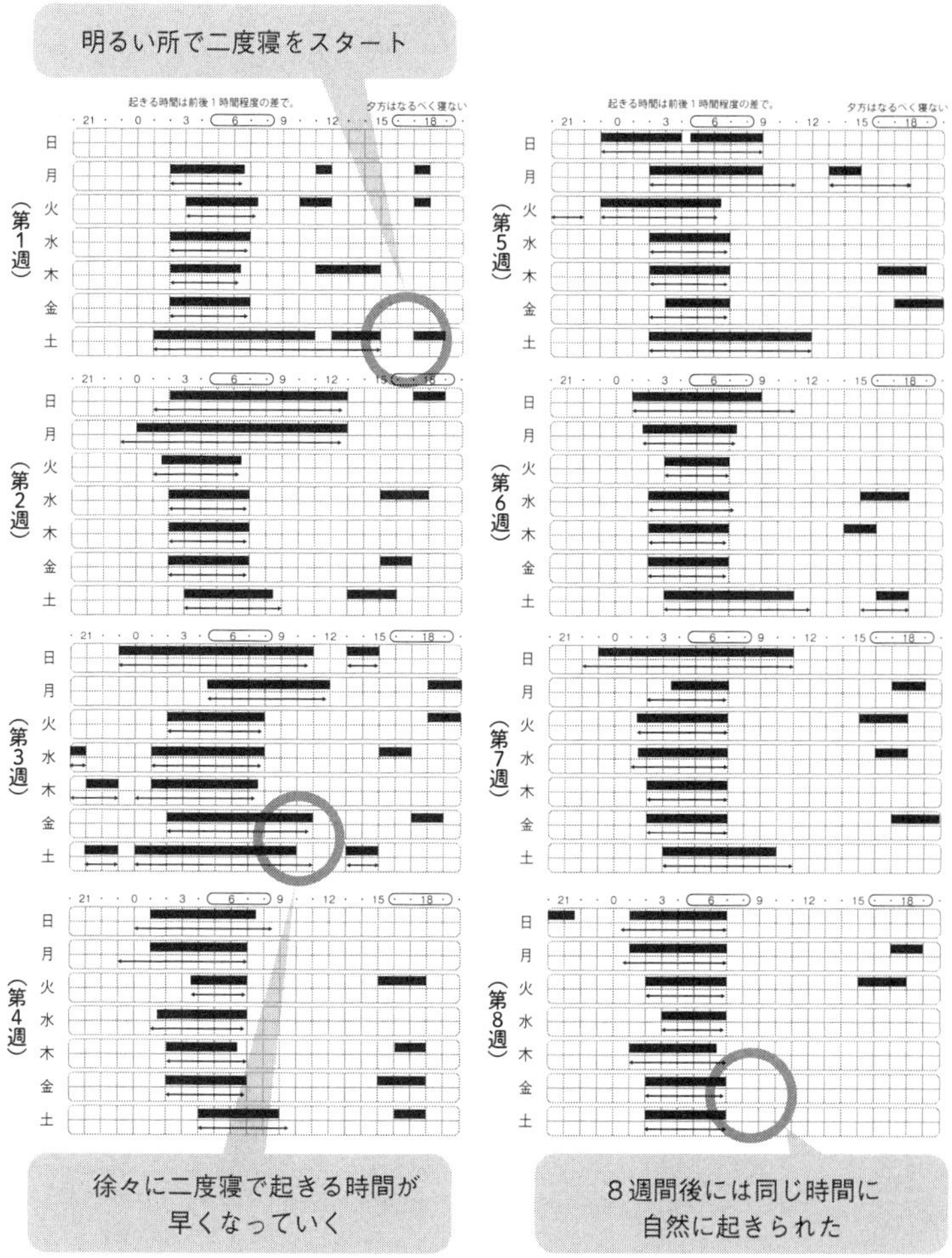

今までは、7時に起床し、週末には15時まで寝だめをしていた。そこで、いったん目覚めたら、明るい所で二度寝をするようしたときの8週間の変化

らベッドを出るのに1時間くらいかかっていたのが30分程度で出られるようになったり、寝つく時間が少し早くなるなど、劇的な変化ではなくちょっとした変化が起こります。

2週間リズムの倍、1カ月のサーカルーナリズムになると、その変化がさらに明確な変化になります。

1カ月のリズムが整えられたら、あなたの生体リズムの基準ができ上がるので、その先、6カ月後、1年後もリズムが安定することが明らかになっています。

本書で紹介することとは、すべて最初は週4日程度の実行を目標にし、それを2週間継続する、という気持ちで取り組んでみましょう。

「ムダな努力」と「報われる努力」はスケジューリングで決まる!

脳と体のパフォーマンスを最大限に引き出すために、最適なスケジュールをつくる。

これが本書の狙いですが、いちいちやることを時間に当てはめて、がんじがらめに時間管理することが目的ではありません。

本書の狙いのひとつは、**気分で行動して非生産的な時間を過ごすのではなく、行動をすることで気分をつくり、パフォーマンスを上げること**です。

何かに取り組むときに、やる気に頼っていたり、やる気が出るまで待っていたら、いつまでたっても生産性の高い仕事はできません。

脳と体が働けない状態や環境をつくっておきながら、やる気だけでなんとかしようとすれば、当然、頭にも体にも負担がかかるので、仕事の成果を出すことはできません。

私たちの気分は、神経伝達物質によってつくられており、その神経伝達物質には、あらかじめ分泌がピークになる時間帯が決まっていることを理解してください。気分ややる気から一歩離れて、客観的にパフォーマンスをコントロールすることを考えましょう。

神経伝達物質の時間帯をコントロールするには、それらが作用する「**作業を行なう順番を変えること**」**が最も手軽で確実な方法**です。

「作業を最適な時間に割り当てる」と言われると、つい、スキマ時間を活用するなどと、「やること」ばかりがイメージされがちです。

しかし、ここからのお話では、「やること」だけでなく、「やらないこと」も作業に位置付けます。

脳は、何もしていないように感じられるときでも、重要な作業をしています。休憩や睡眠ももちろん、重要な作業に位置付けられます。

何もしていないときに脳がどのような働きをしているのかは、それぞれ時間帯を区切って詳しくお話ししますが、その**「やらない」作業なくして、私たちの頑張りは報われません。**

私たちは、「努力こそが大事」だと小さな頃から教えられていますが、ムダな努力は確実にありますし、それを続けていれば時間をムダにし、人生をムダにすることになってしまいます。

たとえば、資格試験に向けて、何かを覚えなければならないときに、頑張って参考書を暗記するとします。

暗記をしている作業中は、脳の働きをフル活用している感じがあるので、私たちも「頑張っている感」があり、達成感を得ることができます。

しかし、脳の仕組みから考えてみると、覚えた記憶は脳内でいったん要素ごとにバラバラに分解されて、既存の記憶と関連を付けて保存されます。

この作業は、私たちがぼんやりしていたり、トイレやお風呂に入っているとき、睡眠中などに行なわれます。

そして、思い出す場面になると、関連付けを頼りにバラバラに保存された記憶を再集結させて思い出すのです。

この関連付け作業がしっかり行なわれずに、やみくもに頭に詰め込むように記憶をすれば、12時間程度できれいさっぱり忘れてしまいます。このことは、テスト対策で一夜漬けをしたときに経験した人も多いと思います。

脳の働き方を基準にして科学的に考えてみると、「頑張っている感」や「達成感」だけを追い求めずに、何かをしているときも、何もしていないときも、それらすべてを作業と位置付けなければなりません。

「ハイ作業」と「ロー作業」を1日の中でうまく組み合わせよう

そこで、本書では、興奮する作用のある神経伝達物質が分泌される作業を「ハイ作業」。反対に、神経活動が鎮静《ちんせい》され、リラックスしたり、考えがまとめられる作業を「ロー作業」として、それぞれを割り当てていきます。

生体リズムへの割り当ては、大まかに、「午前：ハイ作業」、「午後：ロー作業」、「夕方：ハイ作業」、「眠る前：ロー作業」という組み合わせになります。

先にも少しお話ししましたが、具体的には、

午前　頭を使う
午後　手を動かす
夕方　体を動かす

夜　内臓を使う

これが最適な順番です。私たちは、この順番に自分の仕事の中のやることを当てはめるだけでいいのです。こうするだけで、仕事のパフォーマンスは上がります。スキルや才能がある人を凌駕《りょうが》できます。

モチベーションを高めたり、ポジティブに思考する、という努力をする必要はありません。段取りを立てることや、効率よく仕事をこなす能力を鍛える必要もありません。

もし、あなたが今、出社から退社までの仕事の順番をやみくもに組んでいるのなら、本書の内容を知るだけで、あなたの能力は

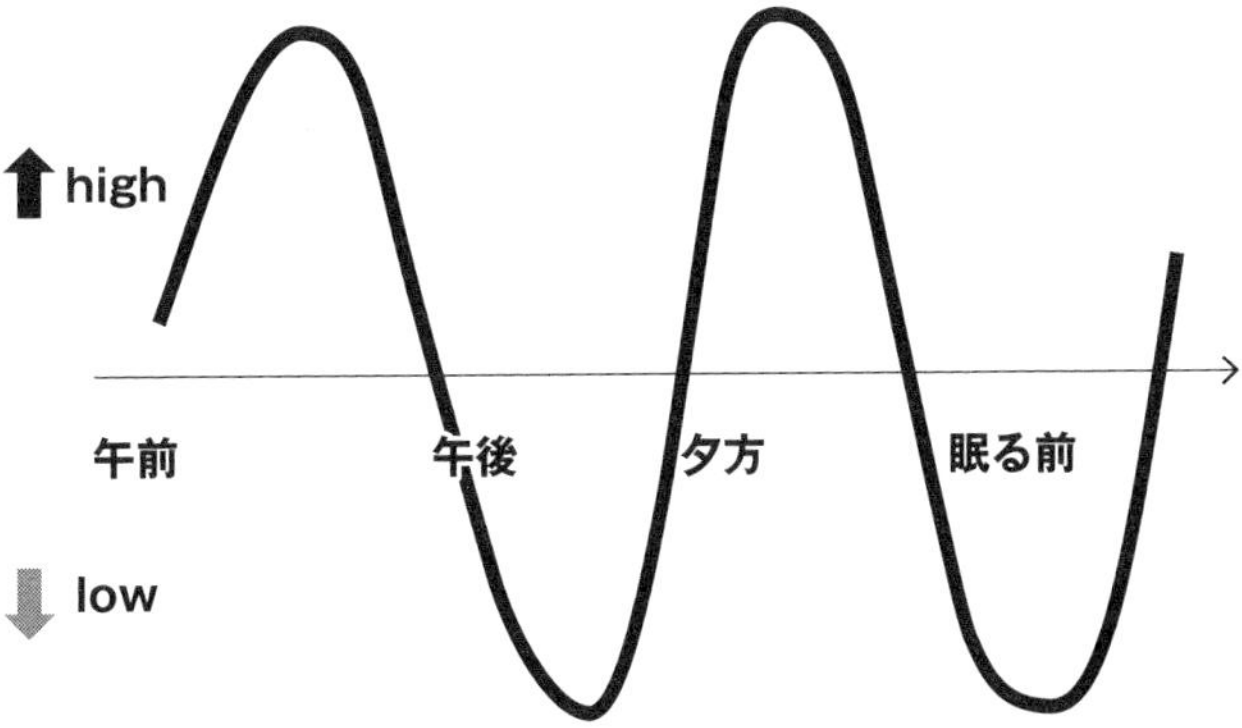

まだまだ高まります。

ここから少し、参考までに知らず知らずのうちにつくられてしまいがちな、脳と体のリズムとミスマッチなスケジュールを紹介します。

【頑張っているのに報われない「時間帯」と「仕事」のミスマッチ①】
朝一のメールチェック

朝、出勤したら、最初にメールチェックをしていませんか。

メールに一通り目を通していきながら、徐々に仕事モードにならしていくことが習慣になっている人が多いのではないでしょうか。

その時間帯に見ているメールの中で、即座に返信しなければならない要件が何件あるのか、一度客観的に考えてみてください。

ほとんどが、前日までのあなたの仕事に対する「了解メール」や、「すぐに対応しなくてもいいメール」、ほかの人宛てに出された「ｃｃメール」のはずです。

そうしたあまり意味を持たないメールを見ることで、仕事モードにならしているような感覚を得ているのなら、これは非常にもったいないことです。

私たちの脳は、目覚めてから時間が経つほどに働きが鈍っていきます。それは、脳が目覚めて「覚醒」の時間が始まると、脳内に睡眠物質（プロスタグランディンD２）がたまっていくからです。脳は何もしていなくても、目覚めている限り睡眠物質がたまり、夜になって眠ると、日中にためられた睡眠物質が分解されます。毎日の「起きて眠って」は、睡眠物質を「ためて分解して」という繰り返しなのです。

目覚めてから間もない時間帯には、脳内の睡眠物質が少なく、頭がよく働きます。その貴重な時間を、**たいして重要ではないメール閲覧に使うと、脳はその重要でない情報をまじめに分析して、エネルギーを消費**してしまいます。

そこで、朝一番のメールチェックを思い切ってやめて、朝デスクに行ったらひとつだけでいいので、実作業を終わらせるようにしてみましょう。

試しに実行してみると、朝一にメールをチェックしなくても、それほど困らないことに気づくはずです。

脳に備わっている時間割では、朝は最も重要なことに手をつけることになっているのです。

【頑張っているのに報われない「時間帯」と「仕事」のミスマッチ②】
昼休みの気分転換

午前中に仕事を頑張って昼休みになると、気分転換にネットを見ることがありませんか。

しかし、気分が楽しくなったとしても、午後の仕事に取り組むと、どんよりとしてやる気が出なくなってしまいます。

私たちの脳は、視覚を遮断しない限り休憩できません。目が開いている限りは、それがどうでもいい情報でも、しっかりと分析してしまいます。

気分転換のために脳内に届けられた情報量が増えれば、それだけ脳はエネルギーを消耗するので、午後の仕事に使えるエネルギーは失われてしまうのです。

そこで、**気分を変えるのではなく、脳に入れる情報量を管理する**、という視点を持ってみましょう。

ランチの前か後に、1~5分程度でいいので目を閉じると、脳内ではそれまでにため込んだ情報を分解し、整理する作業が行なわれます。これによってひらめきが生み出されるのです。

【頑張っているのに報われない「時間帯」と「仕事」のミスマッチ③】上司への午後一の提案

先ほどもお話ししたように、午後一の13時頃は、アドレナリンの分泌が高まる時間帯です。この時間は、自分だけでなく相手もテンションが上がっています。

午後一のタイミングで上司に提案をしたら、提案の内容とは少しズレて、相手の持論や構想を延々と聞かされてしまうことがあります。

細かいことに注意を払うことができる午前中の時間帯に比べて、午後一の時間帯は、難しいことをあれこれ考えるよりも、気分のノリで行動することに向いています。

この時間帯には、ほかの時間帯では抑制できる自分の話もノリで話してしまうことが多いので、話が本筋から逸れがちで、相手の状況に合わせずに自分の話をし過ぎてしまいます。

うっかりこの時間帯に上司に提案してしまうと、**その場ではOKしてもらえたのに後になって忘れられていたり、関係ない話を聞かされるはめになります。**

内容をしっかり吟味してもらう必要のある提案は、午前中に限定しましょう。午後一の時間帯にはノリで処理されてしまうので、逆に、OKだけをもらうような伺いには向いています。

【頑張っているのに報われない「時間帯」と「仕事」のミスマッチ④】
帰宅後に手をつける仕事

仕事中はイマイチ冴えなかったため、そろそろ眠る時間だというタイミングでようやく作業に手をつけ始めるということは、誰にでもあると思います。

眠る前に頭が一番冴えるリズムがつくられてしまうと、必然的に睡眠時間も削られがちになり、日中の集中力が低下し、勤務時間中に終えられるはずの仕事も終わらずに残業が増える。そして、帰宅後に頭が冴えて就寝が遅くなる、という悪循環に陥ってしまいます。

夜の仕事は、集中してはかどっているように感じられても、かかる時間に対してパフォーマンスが低く、終えられる作業も少ないのです。

脳は覚醒している時間が長いほど、その働きは鈍っていきます。目覚めてから18時間後あたり、6時起床の場合は0時頃の脳の働きは、弱度酩酊《めいてい》状態というほろ酔いの人と同じレベルまで低下することが明らかになっています。

夜になっても眠くないときには「今日はまだもつ！」「まだいける！」と思いがちですが、この眠くないという感覚は脳の働きを管理するうえではあてになりません。

たとえば、0時に就寝する習慣がある人に、1週間だけ夜中の1時まで起きているようにしてもらうと、0時に感じていた眠気は感じなくなってしまいます。

脳は眠気に対して順化という、慣れる仕組みを持っています。脳が眠気に慣れると、**眠いという感じが得られなくなりますが、脳の働きは確実に低下しています。**眠くないからといって、作業がはかどるわけではないのです。

1日の3分の1以上の時間を会社で過ごすわけなので、この時間に頭が冴えるスケジュールを組まないと、ほかの3分の2の時間まで侵されてしまいます。

◇

本書を使って、しかるべきタイミングできっちりと能力を発揮していけば、プライベートの時間も充実するのです。

生体リズムを整え、脳のリズムに従った仕事の順番を組むことによって、あなたの能力の発揮され方は大きく変わります。

ぜひ、本書を読んで、自分なりの最高の仕事ができるスケジュールをつくってみてください。

コラム1

体の疲れを消してくれるメラトニンの力

体の細胞が酸素と反応して酸化すると、活性酸素が増加します。いわば、体が錆《さ》びついた状態です。

この活性酸素を除去する役割を持っているのが、抗酸化作用のある物質です。抗酸化作用で最も知られているのがビタミンC。体が疲れているときにビタミンCを摂る、という話は、私たちの生活になんとなく染みついています。

体内の物質で最も強力な抗酸化作用を持つのが、メラトニンです。

抗酸化物質によって活性酸素が分解しきれないと、余分な活性酸素はがん細胞を増加させます。メラトニンは、光が当たると減る、という性質を持っています。

実は、病院で働く医療従事者など、交代勤務によってやむを得ず夜間に強い光に当たる環境にある人のがんの発症率が高いことが知られていますが、これは、光によって、活性酸素をやっつけるメラトニンをやっつけてしまっている状態だからです。

morning　night

COLUMN

睡眠中には、不用意にメラトニンを減らさないよう、上からの照明を消すようにしましょう。

小玉電球のような光が少ない照明でも、そこに6～7時間いると影響があります。

夜は真っ暗にして、脳にとっての夜をしっかりとつくりましょう。

evening p.m. a.m. morning

第1章　まとめ

◉脳と体には、各種の力が〝最も発揮されやすい時間帯〟があらかじめ決まっている

◉神経伝達物質によって、〝1時間単位〟で発揮される能力が変わる

◉24時間休むことなく活動している社会の中では、意図的に朝をつくることで日中の集中力不足を防ぐ

◉根性論や精神論で頑張るより、できる限りで〝時間医学にそった1日〟を過ごす

◉仕事で結果を出す〝脳のリズムが整っている人〟は、最も眠いのが眠る前、最も頭が冴えているのが午前になる

◉脳のリズムは、〝たったひとつの改善〟で整っていく

◉仕事の結果は、「頑張っている感」や「達成感」ではなく、脳の働きを基準とした生産性の高さで決まると肝に銘じる

◉できる人は、「ハイ作業」と「ロー作業」を、脳の時間感覚に当てはめてスケジュールをつくる

◉脳のリズムと〝ミスマッチなスケジュール〟をこなすのは、非生産的だと知る

第2章

できる人の朝一からスタートダッシュを切るコツ

「起きたい時間にスッキリ起きる」コツがわかれば、脳はとことん使いこなせる

Africa Studio/Shutterstock.com

体内時計を調整して"スタートダッシュ"を切る！

ここからは、理想の24時間をつくっていくために、各時間にやるべきことを具体的に考えていきましょう。

まずは大前提として、目覚めた直後に頭をスッキリさせる必要があります。

もしあなたが、朝スッキリ目覚められないのなら、その原因はメラトニンとコルチゾールという2つのホルモンが関係しています。

これからご紹介していく各時間の行為一つひとつが、生体リズムをつくるトリガーとなるのですが、やはりなんと言っても、スタートダッシュを切ることが最も大切です。

はっきり言って、**朝を制すれば、その後はひとりでにうまくいく**のです。

そこで、朝から頭も体もスッキリさせ、スタートダッシュを切る方法に関しては、特に詳しくお話ししていきます。

先にも述べましたが、朝をスタートさせるホルモンのひとつ目は、メラトニンです。メラトニンは、「いつからいつまでが1日か」ということを決めているホルモンです。

私たちは、1日24時間で生活していますが、これは人間が勝手につくった仕組みであって、もともとすべての人間がきっちり24時間のサイクルを備えているわけではありません。

最近では、日本人の体内時計の平均は24・2時間だと明らかにされていますが、平均はあくまでも平均です。24時間よりも短い人もいれば長い人もいます。

このようにバラバラな長さの体内時計を持った人たちが同じように生活するには、1日のスタートがそろわなければなりません。

それを担っているのが、メラトニンです。朝、目覚めて脳に光が届くと、メラトニンの分泌がストップし、その時点から新しい1日のカウントがスタートします。

これによって、体内時計が24時間より短い人はリズムが遅れて、24時間より長い人はリズムが前倒しされるので、すべての人が同じスタートを切ることができるようになるのです。

目覚めたら〝窓から1メートル以内〟に入るだけでいい

ただし、朝目覚めたにもかかわらず、カーテンが閉まったままでいたり、部屋の中央あたりで過ごしていて窓際に行かずにいると、理想的なスタートダッシュは切れません。

メラトニンの分泌がストップするために必要な光の量は、1500～2500ルクスです。一般の家庭やオフィスの照明は、そのほとんどが500ルクスに設定されています。

メラトニンがストップするには、光が足りません。そこで、窓から1メートル以内に入れば、得られる光は晴天の日で約3000ルクスで、曇りの日でも約1000～1500ルクスになります。大雨が降っていて真っ暗な日で約500ルクスなので、ほとんどの日は必要な量の光を確保することができるのです。

つまり、自分では朝目覚めて活動できているつもりでも、窓際に行かない限りは、生体リズムはスタートせず、これからお話ししていくリズムをうまく刻めないことになります。これでは、発揮できる力もできなくなってしまいます。毎朝の習慣として、目覚めたらできるだけ早く、

「窓から1メートル以内に入る」

ということを徹底しましょう。

あなたの寝室やリビングに、窓から1メートル以内に入ることができる場所があるはずです。そこでニュースを見たり、新聞を読むなど、毎朝必ず行なうことができれば、ただ生活しているだけで、生体リズムを整えることができます。

もし、ベランダがあって、一歩でも外に出ることができるのなら、浴びる光の量は1万5000ルクス以上になります。

光は網膜からしか脳に入りませんので、全身に光を浴びる必要はありません。顔を窓から出す程度でも十分ですし、直射日光ではなくても大丈夫です。

強い光ほど、短時間でメラトニン分泌をストップする効果があります。実験では必

要な時間は30分程度とされていますが、実際の臨床では、外に出られるならば1分程度でもリズムが整う様子が見られます。

理想としては、窓から1メートル以内の場合は、5～10分程度、曇りや雨の日はさらに長めに、というように、光の量によってその場にいる時間を調整してみましょう。

「たった1分でもいいの?」

と思われるかもしれませんが、実際に行なってみると1分間とは意外と長いものです。

たとえば、ベランダに植物を置き、水やりをしなければならない状況をつくってみてください。もしくは、光を浴びるために、散歩をするなど、何か外に出る用事を決めるのもひとつの手です。

スタートダッシュを妨げない「二度寝の技術」

起きる時間が遅れてしまえば、生体リズムのスタートは遅れる。これが私たちのパフォーマンスを低下させ、体調不良を招きます。

とは言っても、やはり休日にはゆっくり眠っていたいところです。そんなときは、無理に起きなくても大丈夫です。

脳に機械的に光を届けられればよいので、たとえ**起きられなくてもそれであきらめる必要はありません。**普段起きている時間にいったん目覚め、窓から1メートル以内に移動して、カーテンを開けてそこで二度寝をしましょう。

当然、目を開けている場合よりもメラトニンをストップする効果は低くなりますが、メラトニンをキャッチする受容体はまぶたにもありますので、全く意味がないわけではありません。

一番やってはいけないことは、カーテンを閉め切った暗い状態のままで二度寝をすることです。生体リズムが遅れるだけでなく、睡眠中に無意識にうなったり、壁などを叩いたり、食べ物を食べる「レム睡眠行動異常症」の引き金になってしまうこともあるからです。

起きられなくても、明るい所で二度寝をしていたら、徐々に目覚めが早くなっていき、

2カ月後には自然に起きたい時間に起きられることになります。

実際に行なってみると、二度寝をしても、明るい所ではそれほど長く眠ることができずに、自然に普段の二度寝よりも早めに起きてしまいます。気合を入れて起きるのではなく、淡々と起きられる体をつくっていくという姿勢が大切なのです。

自然に生体リズムを整えるための最も簡単な方法は、窓から1メートル以内に頭があるようにベッドを置くことです。

カーテンを少しだけ開けて眠れば、日の出とともに自然に脳に光が届きます。もし、環境が許すならば、オススメの方法です。

朝しっかりとメラトニンを減らさないと、夜になって増えるはずのメラトニンが十分に増えません。メラトニンのリズムの勾配《こうばい》が平坦になってしまいます。すると、昼間は元気がなく疲れているのに、夜になっても眠れない、という状態になってしまいます。これでは、仕事でのパフォーマンスが上がるとは思えません。

起きられても、起きられなくても、とにかく機械的に脳に光を届けていくことを意識してください。

生体リズムを整えていくときには、その日起きられたか、寝坊したか、という短期的な見方ではなく、リズムのメリハリをつくっていくという長期的な見方をするのが大切です。

「今日の行動が未来のリズムをつくる」

という人間の仕組みを念頭に置きながら、淡々と実行していきましょう。

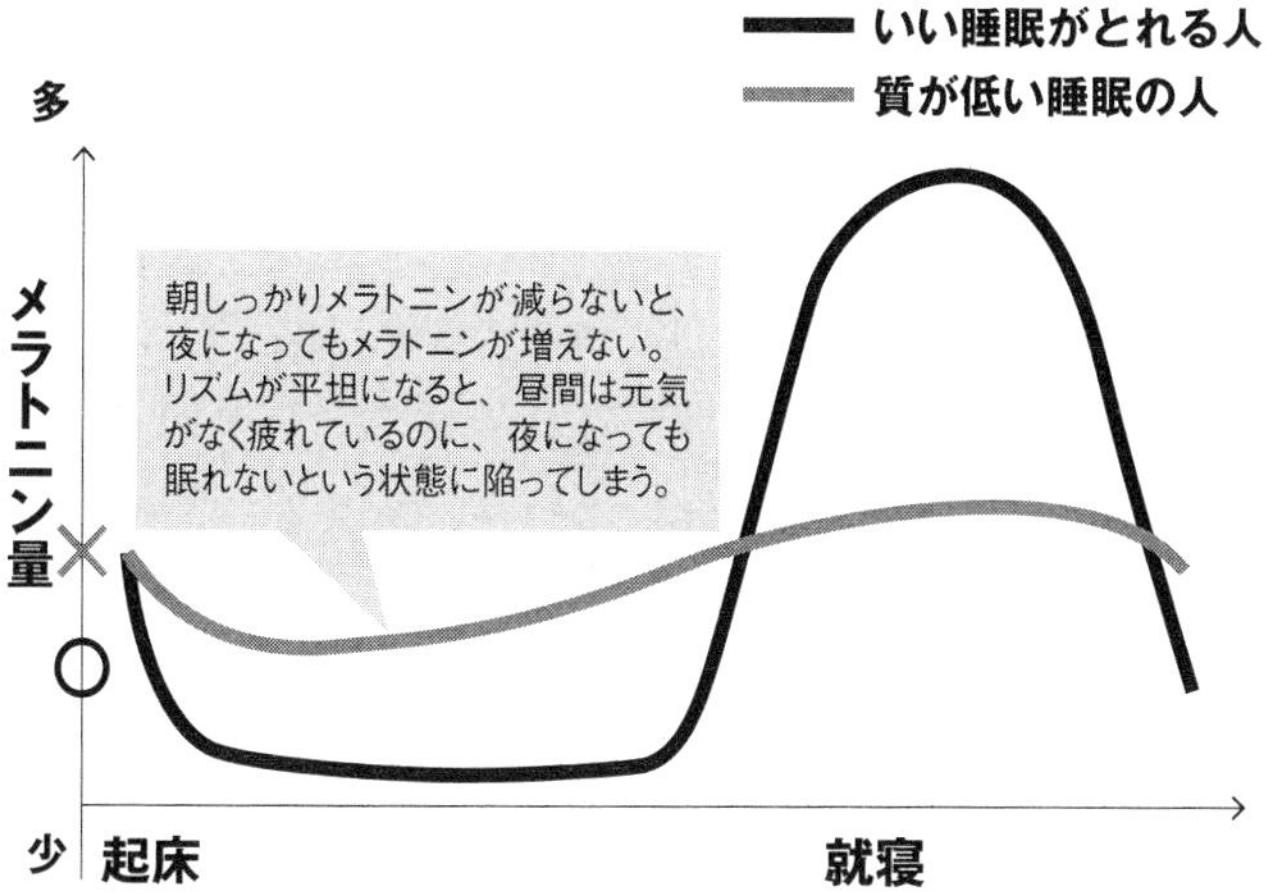

いい睡眠がとれる人
質が低い睡眠の人
多
メラトニン量
少
起床
就寝
朝しっかりメラトニンが減らないと、夜になってもメラトニンが増えない。リズムが平坦になると、昼間は元気がなく疲れているのに、夜になっても眠れないという状態に陥ってしまう。

光を浴びても効果がない人がハマっている罠

朝の光を浴びることが重要だという話は、多くの人が今までも耳にしたことがあるかもしれません。しかし、毎朝実行しているにもかかわらず、「ちっともスッキリと起きることができない」という人もいらっしゃるはずです。

実は、光を浴びることで、生体リズムが整いやすい人と、整いにくい人がいます。生体リズムが整いやすい人は、光感受性の高い遺伝子を持っていて、生まれつき網膜の細胞が豊富で分厚いことが知られています。こういう人は、朝の光で簡単にリズムが整うのですが、日当たりの悪い部屋に引っ越したり、日光が得られにくい梅雨時、冬の季節では朝起きられなくなったり、午前中にボーっとしてしまうことが多くなります。

感受性が高いということは、光が良くも悪くも作用するということです。

夜にリビングで過ごす照明が明る過ぎたり、通勤電車やコンビニ、ドラッグストアなど明るい所で過ごす時間があるだけで、メラトニン分泌が減ってしまい、寝つきが悪くなったり、目覚めにくくなってしまうので注意が必要です。

これは遺伝子のタイプなので、自分が光に反応しやすいタイプだという人は、それは一生変わらないので、どのような生活様式になったとしても、朝と夜を自分でつくることが必要なのだと認識しましょう。

光のほかには、眠気に関する「睡眠－覚醒リズム」、体温に関する深部体温リズムにそれぞれ反応のしやすさがあります。

眠気、体温については後ほど詳しくお話しします。自分のタイプを知り、それを生活習慣の基準として優先しましょう。

ちなみに、光に対する反応は、若ければ若いほど強い傾向があります。

たとえば、妊婦が毎朝窓際に立つようにすると、お腹の中の赤ちゃんも光を受けて生体リズムが整いやすくなるので、産後の夜泣きが少なくなることが知られています。

産後でも、夜中におむつ交換をするときには、部屋の照明をつけずに、デスクライトなどを壁側に当てて、直接赤ちゃんに光を当てないようにすると、リズムが乱れにくいのです。

小・中学生までは、光によって、夜眠れなくなったり、朝起きられなくなることが多いので、夜は寝ついたら照明を消して真っ暗に、朝はカーテンを開けて窓際に連れて行くなど、光のメリハリをつけてあげると、朝スッキリ起きられるようになります。

「7時間以上の睡眠が必要」という常識にとらわれない

5、6月の時期には、睡眠外来で「朝早く起き過ぎてしまいます。これは、早朝覚醒で、私はうつ病なんでしょうか」と相談されることがしばしばあります。
うつ病には早朝覚醒といって、目的の時間より早く目覚めてしまう症状があることが、メディアの報道などで知られていることから、このような不安を持たれるのでしょう。

実際の睡眠の記録を見てみると、目覚めている時間は4、5時台であることが多いのですが、こういった場合は、何も心配する必要はありません。

そもそも、私たちの睡眠時間は、日照時間によって決まります。日照時間が長い季節には睡眠時間は短くなり、日照時間が短い季節には睡眠時間は長くなります。

1年で最も日照時間が長い夏至の時期と、最も短い冬至の時期の睡眠を比べた実験では、2時間ほど睡眠時間に差があることがわかりました。

夏は、冬の時期に比べて早く起きてしまうのは自然な現象で、むしろ、脳が季節に順応した睡眠習慣をしっかりつくっている証拠なのです。

ですから、**「8時間や、7・5時間睡眠が良い」というニュースを見たり、聞いたからといって、1年を通して同じ時間の睡眠をとる必要はありません。**

地球の自転と公転に合わせて脳が睡眠を設計するので、私たちは起床時間をそろえたうえで、それに素直に従っていれば最も質の良い睡眠がとれるのです。

「日照時間に睡眠時間が依存する仕組み」を担っているのがメラトニンです。朝の光と夜暗くなったことを感知して、1日の長さと、起きている時間と眠っている時間の割合を決めているのです。

「起きている時間」と「眠っている時間」を人工的に操作する技

起きている時間と眠っている時間の割合がメラトニンによって決められるので、これを〝人工的に操作することも可能である〟ということになります。

フレックスタイムや交代勤務で、通常の朝起きて夜眠るという生活が送れないのならば、自分で「朝」と「夜」をつくるという発想を持つことが大切です。

日の出前に目覚めなければならない場合は、目覚めたらできるだけ早く、脳に光を届けましょう。

光で目覚める目覚まし時計も市販されており、これらは1万5000ルクス以上という太陽光と同じ程度の光を発することができます。「光目覚まし」と検索すると、いくつかの商品を閲覧することができます。

特定のグッズを使わずに実行する場合は、**低い所にある照明を使いましょう。**洗面所やキッチンなど、少し低めの所に照明がある場所やデスクライトが使えます。

目覚めたらそれらの照明に近づきましょう。30センチくらいの所まで近づくと、得られる光は約1000ルクスです。LEDのライトならば、もっと強い光を得ることができます。

光に近づいたら、その場で1分ほど過ごしましょう。

目が開けられなくてもその場にいると徐々に目が開けられるようになり、ぼんやりしていた視界がはっきりしてきます。

目覚めたらすぐに行ない、その後、家事や身支度を始める習慣をつけると、1日のリズムをしっかりスタートさせることができます。

〝ブルーマンデー〟を解消するちょっとした一工夫

さて、朝をスタートさせるホルモンの2つ目が、コルチゾールです。あまり聞きなじみのない名前ですが、ステロイドという名前は聞いたことがあるかもしれません。

コルチゾールは、副腎皮質ホルモンの中の糖質コルチコイドの一種で、血圧や血糖値を上げる働きをしています。

このコルチゾールは、私たちが、朝スッキリ目覚めるための起床準備を担っています。その起床準備は、起床3時間前から始まっています。

普段の起床時間の3時間前、たとえば、6時起床のリズムならば、夜中の3時からコルチゾールの分泌が始まり、徐々に血圧や血糖値が上がっていきます。

そして、コルチゾールの分泌がピークになると、「起きられる体」ができ上がり、私たちは自然に目覚めるのです。

このコルチゾールの分泌は、時間に依存しています。つまり、**いつも分泌される時間に分泌される**ということです。

平日、休日に限らず、いつも6時に起床している人は、いつも夜中の3時からコルチゾールが分泌されるので、「起きられる体」ができ上がるタイミングがそろって、スッキリ起きられるのです。

しかし、平日に6時に起きる人が、休日に9時まで寝だめしたとします。すると、夜中の3時からコルチゾールは準備してきたのですが、6時になったのに起きないので分泌のピークが遅れて、最終的に9時に起きたときにピークになります。

すると今度は、9時にピークを迎えたのだから、その3時間前の6時から準備が始められるようプログラムされてしまうのです。

土日の2連休の場合、最初の休日の土曜日に朝寝坊をしたら、次の日曜日は、土曜日よりも早く起きることはほとんどありません。

特に用事がない限りは、たいてい土曜日よりもさらに遅く起きることになります。これは、コルチゾールによる起床準備が通常より遅れたことの表れです。

では、土日に寝坊して過ごした後の、月曜日の朝には、どのようなことが起こるのでしょうか。

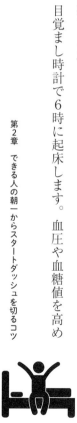

たとえば、日曜日の朝に10時まで眠っていたとすると、翌日はその3時間前の朝7時からコルチゾールの準備が始まります。

しかし、月曜日の朝には、目覚まし時計で6時に起床します。血圧や血糖値を高めるコルチゾールが全然分泌されていないタイミングで無理やり起こされると、コルチゾールは、間に合わせをするように急激に分泌されます。

コルチゾールが急激に分泌された状態は、ちょうどうつ病の状態と同じです。

過剰な分泌により、免疫機能が低下し、気分は落ち込みぎみでイライラします。体を起こせば、重力によって血液は足元に下げられるので、立ちくらみやめまいがします。

また、すべての臓器の中で、脳には最も優先的に血流が送られるので、後回しになった分、内臓の血流量が少なくなり、気持ち悪くなったり、朝ごはんが食べられなくなることもあります。

この現象こそ、ブルーマンデーなのです。

月曜の朝、会社に行くのが憂うつな気分になるのですが、これは会社が問題なのではなく、週末に起床時間が遅らせられたギャップによるダメージの表れなのです。

そこで、先ほどのメラトニンと同じく、平日と休日の起床時間をできるだけそろえることを目指しましょう。目標は、平日と休日の起床時間の差を1時間以内にすることで、最悪でも3時間以上の差をつくらないことです。

パッと起きたいなら、思い切ってスヌーズ機能は使わない！

多くの人が、目覚まし時計のアラームを止めてもまた5分後に鳴る、というようなスヌーズ機能を使っています。

もし、あなたも使っているのなら、朝スッキリ目覚められないのは、そのスヌーズ機能が原因かもしれません。スヌーズ機能を使えば使うほど、目覚めが悪くなることが、研究によって明らかにされています。

ここまで読んでいただいたあなたは、もうおわかりかもしれません。スヌーズ機能がやっていることは、コルチゾールのピークとなる基準をずるずる後ろにズラしていることだからです。

6時に起きる、と準備してきたはずなのに、6時には起きない。

次は、6時5分にピークにするのかと思いきや、またここでも起きない。

こういった感じでズラされると、どのタイミングにピークを持ってくれば良いのかがわからなくなってしまいます。これは、脳の立場からいうと、納期がずるずる遅らされるので作業工程が立てられないという状態になります。私たちは、1回でスッキリ起きられないからスヌーズ機能を使っているつもりなのですが、実際には、**スヌーズ機能を使っているから、1回でスッキリ起きられない**のです。

起きたい時間を3回唱える「自己覚醒法」は科学的に正しい

そこで、根本的な解決として、脳に起床準備のゴールを設定しましょう。

実は、**コルチゾールという物質は、言語でその分泌のタイミングがコントロールされる特徴を持っています。**この特徴を使った方法は、いたってシンプルです。

「起きたい時間を3回唱えて眠る」

ただこれだけです。そんなことでスッキリ起きられるの？　と拍子抜けしてしまう感じがするかもしれませんが、これは自己覚醒法といって、古くから睡眠の治療に使われています。

　不特定多数の人を集めて、起きたい時間をそれぞれ唱えて眠ってもらうと、**その6割の人が「スッキリ起きられた」と実感することが研究で明らかになっています。**

　また、この自己覚醒法には、練習効果があります。2週間ほど続けていると、目覚まし時計のアラームが鳴るよりも少し前に目覚めることが1日か2日あります。

　2週間でリズムがつくられていくので、そのまま継続していると、次の2週間には目覚ましより前に目覚める日が増え、それ

起きたい時間に起きられる！科学的方法

6割の人が「スッキリ起きられた」と実感すると研究で明らかになった！

が週のうち半分以上になると、今度は自然に目が覚める日のほうが多くなっていくのです。

どうしても遅刻できない大事な用事があるときには、自然と起きられることがあるでしょう。

これこそ、脳が持っている力なので、大事な用事がなくても、普段からどんどん活用しましょう。

脳内のプログラムが成熟してくると、いつも通りの時間でなくても、狙った時間に自然に起きられるようになっていきます。

「前日に起きた時間」に目覚ましをかけるのも効果的

さて、スッキリ起きられない原因は、せっかく起床準備をしてきたコルチゾールのピークがズラされることでした。

実際に起きた時間と目覚ましをかけた時間にギャップがあれば、それがコルチゾールの急分泌につながり、脳に負担がかかるというお話をしました。

もし、あなたが6時に起きたいから6時に目覚ましをかけているけれど、実際には7時に起きている、という場合、これではいつまでたっても、6時に起きられるようにはなりません。そこで、ちょっとやり方を変えてみましょう。

「早く起きたい」という気持ちはいったん置いておいて、脳の立場から対策を立ててみるのです。

実際には7時に目覚めているので、7時にはコルチゾールがピークを迎え、「起きられる体」をつくることができています。この脳の働きを促進するのです。

7時に目覚めているので、目覚ましは「7時」にかけてみましょう。そして、「7時に起きる」と3回唱えて眠る。すると、7時より少し前の6時55分頃に目が覚めて起きられるようになります。

そうしたら、今度は6時55分に目覚ましをかけて、「6時55分に起きる」と唱えます。すると、また少し早めに起きる。このように、実際に起きた時間に目覚ましをセットしていくと、徐々に起床を早めることができるのです。

私たち**人間の脳と体は、「調子がいいときを鍛えると、悪いときが少なくなる」**という仕組みを持っています。

朝起きられない、という悪い状態が起こってから対処を考えれば、悪い状態は解消できず、起きられないスパイラルにハマっていきます。

自分の気持ちはさておき、事実に基づいて、できたことを確実にできるように促していく。これが、脳と体の力を引き出す大切なコツなのです。

実際に起きる時間に目覚ましをかけるのを、平日に行なうのが不安ならば、休日に試してみてください。この原理がわかれば、自分の起きたい時間に着実に近づけていくことができます。

「後○時間眠れる」と心の中で唱えてはいけない

起きる時間を唱えるだけ、という簡単な自己覚醒法ですが、これが間違って働いてしまうことがあります。もし、あなたが夜中に目が覚めることがあったら、その原因は、目が覚めたときに時計を見ていることかもしれません。

たとえば、夜中の3時に目が覚めたとすると、時計を見て「ああ、3時か……。後3時間は眠れるな……」と頭の中でつぶやくことがあると思います。

脳にとっては、これも起床時間を言語化された状態です。「3時に起きた」という言語から、次は、3時の3時間前、つまり深夜0時からコルチゾールを分泌するプログラムが組まれてしまうのです。

何日かして、また3時に目覚めてしまい、また時計を見る。これを繰り返していると、いつも同じ時間に目が覚めるようになってしまいます。

「私は夜中に目が覚めると、いつも決まって2時45分なんです」というようなお話をしてくださる人が多いのですが、これは、自分で組んでしまった誤ったプログラムが原因なのです。

脳のプログラムは意図しない結果でも、淡々と働いてしまいます。

まずは、間違ったプログラムを組ませないように、夜中に目覚めたとしても、時計を見ないようにしましょう。目覚まし時計は伏せて眠る。トイレに行くときにも時計は見ない。

それでも、最初の3日くらいは時計を見たくなってしまうこともありますが、4日を超えると、「別に時計を見る必要もないか」と、だんだん見ないことが自然になってきます。それに伴い、夜中に目覚めることは確実に減っていきます。

たとえ夜中に時計を見てしまったとしても、「いやいや、何時でもいいんだ。とにかく私は6時に起きるんだ」と頭の中で唱えれば、翌日には正しいプログラムが働きだします。

入浴後の「ザバーッ」で朝から〝ごきげん〟になれる

コルチゾールが3時間もかけて血圧を徐々に上げていくほど、私たちが起き上がるためには、強い圧力が必要です。

私たちの体は常に重力の影響を受けています。睡眠中は、体は横になっているので、体の中の水分は、水平に水をはったようになっています。

そこから起き上がるわけですが、当然、体を起こせば体内の水分は足元に下がるので、これに逆らって水を吸い上げる必要があるのです。

血管が水を吸い上げる能力が低下してしまうと、朝スッキリ起きられなくなります。

私たちは、小学校高学年頃から20歳代の前半頃まで、朝なかなか起きられないということを体験します。

この時期は、体の成長が著しく、性ホルモンが急激に増えています。実は、男性ホルモンも女性ホルモンも、コルチゾールの働きを阻害します。性的に急成長する思春期に朝起きられなくなるのは、とても自然な現象なのです。

この思春期に多く見られるのが、自律性調節障害です。子供の頃、全校集会などで長い時間立っていると倒れてしまう子がいたのではないでしょうか。

これは、重力に対抗して体を起こしていると、脳や心臓への血液の循環が悪くなってしまうから起こる症状です。

その治療には、水とお湯の交代浴が使われます。体は、冷たい水がかかると血管が閉まって血圧が上がります。

温かいお湯がかかると、血管は開いて血圧が下がります。この反応を鍛えていくことで、必要なときに必要な分、体の中で血液を届ける能力が高まるのです。

このことは、朝起きられない、ということの解決にそのまま使えます。私たちが日常で行なうときには、ひざから下のふくらはぎが大切です。

ふくらはぎがポンプの役割をして血流を吸い上げることができれば、体を起こしても、ふらふらしたり、だるくなることがありません。

そこで、朝でも夜でも、入浴するタイミングでいいので、お風呂から上がるときに、洗面器に水をくんでひざ下にザバーッとかけ、すかさずお湯を汲んでザバーッとかけてみてください。これを3回繰り返します。もし、水をかけるのが平気ならば、ひざ上でも、全身でも大丈夫です。

2週間継続すると、スッキリ起きられるようになってきます。

コラム2 ハードワークや不規則勤務でも快調に過ごすコツ

不規則勤務によって、朝起きて夜眠るリズムがつくられない場合の対策を見ていきましょう。ハードワークが続いている人にも参考になります。

一般的な二交代勤務では、４つのポイントがあります。

① 休みの前日には、ほんの少しだけ早寝する

どのような勤務体制であっても共通する対策は、何の制約も受けずに睡眠がとれる日に充実した眠りをつくることです。

普段眠くてしかたがなく「寝たい、寝たい」と思っているにもかかわらず、いざ休みになると、夜更かししてしまうという人は多いはずです。

「休みの日には、ダラダラする時間を持ちたい」「頑張ってきた自分へのご褒美として、ダラダラしたい」という人が多いのですが、脳と体にとっては、ご褒美どころかひど

い仕打ちをしていることになります。

大幅に早寝をする必要はありません。日勤や休み前日には、ほんの10分や15分でもいいので早寝をして、1カ月、半年のスパンでの累積睡眠を増やしましょう。

② 夜勤入り、休日と日勤の起床時間の差を3時間以内にする

夜勤の日で、夕方から出勤するというときには、出勤時間ギリギリまで眠っているという人も多いでしょう。ただ、不規則勤務でも体調を崩さない人は、「日勤の起床時間にいったん起きて、その後昼に仮眠をして睡眠不足を補う」という方法を実行しています。

起床時間の差はできるだけ少ないほうが生体リズムは整いやすく、脳と体には負担が少ないのです。まず、目標にしたいのは、夜勤入りや休日と、日勤の起床時間の差を3時間以内にすることです。

臨床結果では、この起床時間の差が3時間以上になっている人は、メンタルの不調を訴えることが多く、反対に、元気に勤務している人は、起床時間の差を3時間以内

におさめています。

「疲れているのに、起床して活動するのは無理だ」とあきらめずに、まずは目覚めたら、窓から1メートル以内の所に移動することから始めてみましょう。

③ 最低体温の時間帯には必ず眠る

夜勤中に仮眠ができる職場ばかりではないと思いますが、もし、少しでも仮眠がとれるのなら、アンカースリープという方法を使ってみましょう。

この方法は、深部体温リズムに錨《いかり》を下ろして固定する、というイメージから、アンカースリープと呼ばれています。

たとえば、通常6時起床の場合は、深部体温が最低になるのは起床22時間後なので、朝4時に仮眠をとるのです。

このあたりでは常に眠るようにすると、深部体温のリズムが固定されて、リズムがズレて不調をきたす、内的脱同調《ないてきだつどうちょう》を防ぐことができます。必ず朝4時台に重なるように睡眠をとり、夜勤や徹夜のときでも、短時間でもいいのでこの時間帯に仮眠をとります。

アンカースリープは、1日のうちでどの時間で実行してもよく、常にその時間帯だけは眠っていれば、後の時間は眠っていようが起きていようが自由、という条件でも、リズムがズレないという優れた方法です。

④ 夜勤明けでは眠らず、夜の早い時間から次の日の朝までまとめて眠る

不規則勤務で調子を崩す人の特徴は、夜勤明けに昼過ぎから夕方にかけて3時間以上眠ってしまうことです。これには、「睡眠圧」という仕組みが関係しています。

人間の脳は、目覚めている限り、脳脊髄液《のうせきずいえき》の中に睡眠物質がたまっていきます。これは、頑張って仕事をしていても、ごろごろテレビを見ていても、目覚めている限り同じようにたまっていきます。この睡眠物質が充満しているのが、睡眠圧が高まっている状態です。

石を飛ばすパチンコのゴムをイメージしてください。ギューっとゴムを引っ張るように、眠っていない時間が長ければ長いほど睡眠物質がたまり、その後の睡眠はドー

ンと深くなります。

「睡眠圧が高まるほど、睡眠の質が向上する」ということです。

夜勤明けの昼過ぎに眠ってしまうと、夜勤中に高まった圧力はここですべて失われてしまいます。その後、夜の早い時間帯に目覚めるのですが、もう睡眠圧は使い切ってしまったので、この後、再び眠ることができなくなってしまいます。

これで夜間の睡眠の質が低下し、朝も起きられなくなって、大きくリズムが乱れてしまうのです。

交代勤務でも調子を崩さない人は、夜勤明けに思い切って出かけてしまう人が多いように感じます。

「出かけていれば眠らずにすむ」という理由が多いですが、夕方頃に帰ってくると、もう眠くてしかたがないので、ここから朝までぐっすり眠ることができます。睡眠をひとまとまりにすることで、十分な睡眠圧で体を回復させることができるのです。

不規則な勤務の中での調整は難しいですが、これら4つのポイントの中で、できそうなことを試してみてください。

この方法を、今度は3日ごとにシフトが変わる工場の勤務に当てはめてみましょう。たとえば、

朝勤：6時30分〜14時
昼勤：14時〜22時
夜勤：22時〜6時30分

という3つの勤務帯で、「3日勤務すると、1日休みで、次のシフトに変わる」というパターンを例にしてみましょう。

このパターンで働くと、夜勤2日目が最も眠くてつらいことになります。そこで、次のような対策を立てます。

①**夜勤最終日に昼過ぎから夕方に眠らないようにして、夜の早い時間帯から朝まで一気に眠るようにする。**

②**朝勤務から昼勤務に変わるときに、できるだけ朝勤務の起床時間から3時間以内の差でいったん起きて、足りなければ明るい所で二度寝をするか仮眠をする。**

実際の現場では、この方法ができるか否かが、リズムコントロールのカギになります。

③ 昼勤から夜勤に変わるときも、初日は昼勤務のときと同じくらいの時間に起床する。

夜勤をイレギュラーなリズムだと認識して、その他の日で整えることを考えます。朝勤務と休日の睡眠を、少しでも早寝して、累積睡眠量を稼ぐという方法です。不規則勤務だからとあきらめずに、生体リズムの原則に従って、ひとつでもできそうなことを採用してみてください。

第2章　まとめ

- メラトニンをコントロールすることが、朝からスタートダッシュを切るカギ
- 「窓から1メートル以内に入る」ことを朝の習慣にする
- 「いい二度寝」の技術を知れば、起きられなくてもあきらめなくていい！
- 7時間以上の睡眠にこだわらず、睡眠時間は日照時間に依存すると知っておく
- デスクライトを使えば、睡眠時間をコントロールできる
- 平日と休日の起床時間の差を3時間以内にすることで、ブルーマンデーを解消する
- スヌーズ機能がスッキリ起きられない原因になる場合がある
- 起きたい時間を3回唱える方法はバカにできない
- 夜中に無意識に時計を見てしまうと、睡眠プログラムが狂う原因となる

第3章

〝最も頭が冴える〟午前中には何をすればいいのか？

仕事ができる人の「午前の習慣」

dotshock/Shutterstock.com

朝日記を書くことで行動力が高まる

さて、メラトニンとコルチゾールという2つのホルモンの特徴を活かして、朝スッキリと起きられたら、生体リズムに最適な作業を当てはめていきましょう。

朝、目覚めて最初にやるといいのは、日記を書くことです。

日記は、その日あった出来事を記すものなので、夜に書く人が多いと思います。しかし、日記を書くのは、**自分の脳が「重要だ」と判断した記憶をしっかり残すことが目的**です。

脳にとっては、その日の睡眠まで含めて1日です。脳のスケジュールに合わせると、1日を振り返って書く日記は、睡眠を終えた後、つまり、朝に書くほうがいいのです。

睡眠中には、脳内でその日の記憶の整理が行なわれます。具体的には、**「定着作業」**と**「消去作業」**です。

私たちの脳は、基本的には、思い出せるか否かにかかわらず、体験したことすべてをいったん記憶します。ただし、すべてのことを記憶していれば、すぐに容量オーバーになるので、睡眠中に「残すべき記憶」と、「消してもよい記憶」を選別して、空き容量をつくります。

つまり、睡眠を経て、朝を迎えたときに頭に残っている記憶は、あなたの脳が残すべきだと判断した記憶だということです。

これを日記に書いていけば、あなたにとって本当に重要な出来事を確実に残すことができるということ。そうすれば、あなたがこれから行動を選択していくうえでの基準になっていくのです。

それでは、脳は何を基準に「残す記憶」

朝日記で本当にやるべきことが明確になる！

朝を迎えたときに頭に残っている記憶は、あなたの脳が残すべきだと判断した記憶

と「消す記憶」を選別しているのでしょうか。それには、2つの基準が用いられています。

脳が「残す記憶」と「消す記憶」を判別する2つの基準

ひとつは、匂いです。

匂いは、脳にとって、その記憶にタグを付ける役割をしています。記憶が残るということは、脳にとっては神経細胞ができるということで、この細胞はグラニュールセルと呼ばれます。

匂いは、このグラニュールセルのタグになり、タグがついていないグラニュールセルは、アポトーシスという作用によって自ら死滅します。

あなたも、何かの匂いをかいだときに、「その匂いから特定の出来事を思い出した」という経験があるはずです。なんらかの出来事を体験したときに、匂いが伴っていれば、その記憶は「残す記憶」に選ばれます。

evening　p.m.　a.m.　morning

そして、再び同じ匂いを感じたときに、記憶は鮮明に思い出されるのです。

余談ですが、匂いで記憶が残されるのは自然に行なわれていることですが、意図的に利用しようと考えるならば、記憶に残したいことを勉強するときに、匂いと共に覚えればいい、ということになります。

記憶の研究分野では、アルコールを飲みながら勉強する人は、「試験会場にアルコールを持っていけば試験に受かる」という笑い話もあるほどです。

受験勉強をするデスクで、ティッシュの上に気に入ったアロマオイルを一滴たらす。そして、試験の当日に、同じ匂いのオイルをたらした紙などを財布や筆入れに入れておき、試験前にかぐ。こんなことが記憶再生を促進することになります。

脳が記憶を残すもうひとつの基準は、**これまで保存された記憶と似たような出来事の記憶**かどうかということです。

記憶を残す神経細胞は、神経線維を伸ばして、それぞれの細胞をつないでネットワークをつくります。

この神経線維は、電線に例えられます。一度電気が走った電線には、電位が残ります。すると、次に近くを流れた電気は、残った電位に引きつけられて、同じ電線を通りやすくなるのです。

出来事の記憶は、そのまま保存されるのではなく、場所や人、出来事の種類やそのときの感情など、要素ごとに様々なカテゴリーに分解されてネットワーク上に保存されます。

それらの各要素に近い記憶は、すでにその電線が使われたことがあるので残されやすいのです。電線を通る回数が多ければ多いほど、その記憶はその人にとって重要な価値基準になっていきます。

私たちは、これまでの人生で全く体験したことがないことは、見聞きしても記憶に残りません。その記憶を残す基準となる記憶がないからです。

しかし、ちょっとでも似通った要素があると、「なんか引っかかる」という感じで記憶の片隅に残り、それが必要なタイミングになると、思い出されます。

記憶に残りやすいのは、**「普段目にしていてよく知っているけれど、どこか違う」**と

evening p.m. a.m. morning

いう記憶なのです。この仕組みは、新しい商品や広告をつくるときに利用されています。「匂い」と「似通った記憶」。

この2つの基準で、睡眠という振り分け作業から残された記憶は、私たちの価値観、思考パターンとなり、**「行動選択の道しるべ」**になるのです。

自分らしく生きるために日記を活用するならば、夜ではなく、朝書くことが有効なのです。

なぜ、一晩眠ると問題解決策が生まれるのか？

何かの決断をするときに、「一晩眠って考えてみた」という表現があります。「眠っているのに考えるって変じゃない？」と思われるかもしれませんが、この言い方は、睡眠中の脳の働きを的確に表しています。

睡眠中に行なわれるのは、単純に記憶を倉庫に保管するような作業ではありません。

要素に分解された記憶から、問題を解決する策を生み出しているのです。

睡眠中には、脳内の記憶を結び合わせる作業が行なわれます。一見、関係がないように思えるアイデア同士を結び合わせて、問題の解決策をつくるのです。この脳内の働きによって、ひらめきが生まれます。

「悩んだときには、一晩眠る」

これを有効に活用できるように、睡眠中の脳の働きをもう少し詳しく知っておきましょう。

昼間に覚えたことは、脳内の海馬《かいば》という場所にいったん保存されます。この海馬の役割は、あくまでも一時的な保存なので、その中で必要だと判断された記憶は大脳に移されます。大脳では、デフォルトモードネットワークと呼ばれる神経のネットワークが、記憶をつなぎ合わせたり、消去して整理をしています。

つまり、効率的に頭の中を整理するには、**海馬とデフォルトモードネットワークのつながりを強化**すればいいのです。

この2つのつながりを調べた研究では、昼間私たちが頭を働かせているときよりも、睡眠中のほうが強くつながることが明らかにされました。

睡眠は深さによって4段階に分けられるのですが、そのうち、第2段階に見られる紡錘波《ぼうすいは》という糸巻き状の脳波が出ているときに、海馬とデフォルトモードネットワークは、強くつながり、情報交換をしてひらめきを生み出しているのです。

頑張って頭を整理するより、さっさと眠ってしまい、後のことは脳に任せたほうがいいのです。

目覚めて2時間後に重要な決断をしよう！

睡眠中に出された答えをもとに決断するのを後押しするように、私たちは、**目覚めて2時間後あたりに、思い切った決断ができる状態**になります。男性ホルモンのテストステロンが増えるからです。

テストステロンは、男性に比べ20分の1の量ですが女性でも分泌されます。

たとえばテストステロンは、ギャンブルなどの賭け事や、大きな決断を迫られているときに分泌量が増えます。

　大きな決断をするときに増えるホルモンが、もともと増えやすい時間帯にあえて大きな決断をすれば、省エネで間違いない重要な決断ができるということです。

　企業で研修をしていると、残業がほとんどなく、仕事の切り替えが早く、なおかつ成果を上げるいわゆる「できる人」がいます。

　その人たちに見られる共通点は、朝早く、まだほかの社員が出勤してくる前に出社して、自分だけの時間をつくり、そこで大事なことを決める、ということです。

「朝のほうが電話やメールなどの邪魔が入らずに集中できる」と彼らは話しますが、

目覚めて２時間後に重要な決断をする

男性も女性も
テストステロンが増え、
思い切った決断ができる！

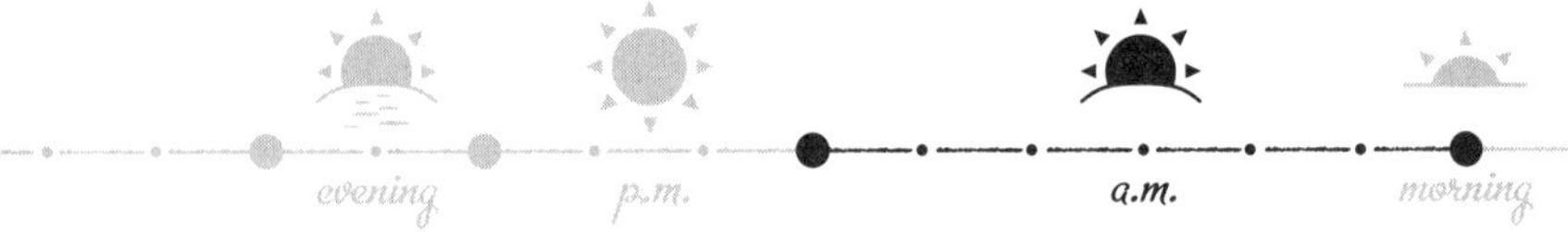
evening
p.m.
a.m.
morning

脳と体のリズムという視点では、絶好のタイミングで決断をしていることになります。

この時間帯には、特に男性は、攻撃性が増し、攻めの姿勢になっています。

朝の時間帯に朝刊に目を通すと、時事情報に対して批判をすることが多く、自分の意見がどんどん出てくるはずです。しかし、同じ記事でも、夜に読んでみると、「自分の意見を持つ」というよりは、「関係がありそうな記事をストックする」ような、情報収集に終始しているはずです。

通勤中は「外の風景を見る」ことで脳内の情報がまとまる

朝の通勤時間は、人それぞれ活用法が様々です。

「どうしても睡眠不足で、朝の通勤では電車で座れるので眠ってしまいます。これはいいのですか?」という質問をよく受けます。帰宅電車やバスでは座れなくても、朝は少し早く出れば座っていける、という人は多いのではないでしょうか。

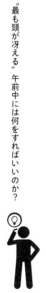

生体リズムを中心に考えると、朝の電車やバスでは眠ってもいいのですが、帰りの電車やバスでは絶対に眠ってはいけません。

これは、後ほど詳しくお話ししますが、帰りの電車のタイミングは、内臓の温度である深部体温が最高になる時間帯なので、この時間帯に少しでも眠ってしまうと、眠りのリズムのピークが低くなり、全体のリズムが乱れてしまいます。

朝の電車での仮眠は、目覚めてスグに窓際か外で光が得られていれば、全く影響がありません。この時間は、堂々と仮眠をしても大丈夫です。

もし、睡眠不足ではなく、通勤中に眠らずにすむのならば、この時間を頭の整理に使ってみましょう。

ポイントは、外の景色を「見るともなしに見る」ことです。

先ほど、睡眠中に記憶を整理し、ひらめきを生み出すには、デフォルトモードネットワークの活動が重要だとお話ししました。

このデフォルトモードネットワークは、睡眠中にだけ働くわけではありません。ぼんやりしているときや、ぶらぶら散歩をしているとき、トイレやお風呂に入っているときにも、デフォルトモードネットワークの活動が活発になります。

どれも頭を使っていない場面のようですが、**実は、このときにこそ、私たちの考えをまとめて、これからの自分をつくっていく道しるべになる行動基準がつくられているのです。**

朝の通勤電車では、一定の時間が確保できますので、脳内のまとめ作業に使わない手はありません。

景色を、ぼんやりと見るともなしに見る。意図して目の焦点を合わせないで、ぼんやりした視界をつくることが有効です。

通勤中には、極力「ノーメディア」に努めてみましょう。脳の働きを向上させたいならば、スマホ、車内の動画広告から、脳を守らなければなりません。

デフォルトモードネットワークの働きを弱めるのが、実行系ネットワークと呼ばれる神経群の活動です。

これは、何かを見ているときに働くモードです。実行系ネットワークは、脳に情報を仕入れるモードであり、デフォルトモードネットワークは、仕入れた情報をまとめるモードです。

ここでいったん、冷静に考えてみましょう。

本書は、脳と体のリズムを客観的にとらえて、普段の自分が何気なく行なっている習慣を第三者の目で振り返り、不適切なタイミングで行なわれていることの時間帯を変えることを目的にしています。

毎朝、頭の中をまとめる時間が1時間確保されているとして、あなたはその時間を情報収集やスキマ時間の学習にあてていませんか。

もし、仕事中に、

「時間がない!」

「自分が抱えた案件が山積みだ!」

ということがあるならば、それは、脳に不必要な情報を入れ過ぎて情報処理能力が低下しているサインです。毎朝せっかく確保されている脳のまとめ時間を、しっかり活用してみてください。

evening p.m. a.m. morning

朝は1杯のコーヒーから。それって本当に有効？

会社についたらまずコーヒーを1杯。すべてはそれから、という習慣ができている人も多いと思います。コーヒーを飲む理由は、香りが好き、眠気覚ましなど様々でしょう。

しかし、そのコーヒーによって、朝、眠い状態がつくられている場合もあります。そうならないためにも、その仕組みを知っておきましょう。

まず、香りです。コーヒーの香りには、それまでかいでいた匂いをいったんリセットする作用があります。私たちは特に自覚していませんが、一見、なんの匂いも感じていないときでも、常に匂いをかいでいます。

先に、匂いは、記憶を残すタグの役割をしているとお話ししました。特定の覚えたいことがあったら、ある香りと共に記憶すればよい、ということになりますが、自分がかぎたい匂いだけでなく、常にいろんな匂い、雑臭をかいでいます。

これでは、たとえお気に入りの香りを用意しても、ピュアな状態で脳に届けることができません。

そこで登場するのが、コーヒーの香りです。コーヒーの香りの後にかいだ香りは、判別能力が高まっていることが知られています。

つまり、コーヒーの香りが、それまでの雑臭をリセットさせる役割をしていると考えられるのです。朝1杯のコーヒーの香りをかぐと、その後の出来事は匂いのタグがついて記憶に残りやすい、ということになります。

こうなると、コーヒーの香りをかいだ後には、できるだけ、**記憶に残したい出来事を行なうことが大切**だということになります。

また、コーヒーを飲む理由を「眠気覚ましのため」としている人も多いと思います。ここで、カフェインの作用について、知っておきましょう。

カフェインは、飲んでから脳内に到達するのに30分かかります。そして、いったん到達すると5時間滞在します。カフェインには「眠気覚まし」の作用はありません。

evening p.m. a.m. morning

正確には、**「脳が眠いまま眠れなくなる」作用**があるのです。

カフェインが眠気にどのような作用をするのかを知るには、少々ややこしい話ですが、私たちの脳がどのような仕組みで眠っているのかを知らなければなりません。

私たちが目覚めている限り、脳とそれを覆う膜の間にある脳脊髄液の中に、プロスタグランディンD2という睡眠物質がたまっていきます。

プロスタグランディンD2が充満すると、アデノシンという物質に変わります。アデノシンは、次にGABAという物質の働きを促進します。GABAは、神経の活動を鎮める物質です。そのGABAの働きが促進されれば、鎮静する力がより強くなります。GABAは、ヒスタミンの働きを鎮めます。

ヒスタミンは、脳を目覚めさせる物質です。脳を目覚めさせているヒスタミンがGABAによって鎮められると、私たちは眠ります。これが、昼間に起きていて、夜に眠る、という仕組みです。

さて、この仕組みの中でカフェインが何をしているのかというと、アデノシンがGABAの働きを促す部分をブロックしています。脳内に睡眠物質はたまったままで、脳が眠る仕組みがブロックされるので、決して目が覚めるわけではありません。ボーっとした状態で起き続けることになります。

もし、カフェインを眠気覚ましのために飲む、という認識をお持ちの人は、歯ぎしりの悪循環にご注意ください。眠っているときに、歯ぎしりをしていると、マイクロアローザルといって、本人は自覚的に眠っているのに、脳波上はプツプツと睡眠が途切れてしまい、ぐっすり眠れなくなります。

すると、朝になっても眠気が残っているので、眠気覚ましにカフェインを飲みます。カフェインは歯ぎしりを増強させる物質です。カフェインを飲むことでさらに歯ぎしりがひどくなり、朝の眠気がひどくなるという悪循環にはまってしまいます。

歯ぎしりは、自覚できないので、歯医者で指摘されたことがあるか、朝目覚めたときに口の中に傷ができていたり、あごが筋肉痛のようにだるいことがあったら注意してください。

歯ぎしりの悪循環に心当たりがあったら、1週間だけ、カフェインレスにチャレンジしてみましょう。

evening　p.m.　a.m.　morning

カフェインは飲んでいなくても、1週間程度は脳内に残っています。麦茶や白湯、ノンカフェイン飲料で1週間だけ過ごしてみると、歯ぎしりが軽減し、朝の眠気が少なくなることが多いのです。

出社してスグに提案するとはねつけられる

多くのできるビジネスパーソンが、朝に自分だけの時間を持つ理由は、邪魔されたくないからです。

脳の仕組みからとらえてみると、出社してスグの時間帯には共感能力が低くなっていると考えられます。

テストステロンの濃度が高まるほど、共感能力が低くなり、興味の対象が限定されることが知られているからです。

胎児の頃からテストステロンの濃度が高い人は、そうでない人に比べて、人間関係を築くのが難しいという研究結果もあります。

朝、出勤して、いきなり上司に何かしらの提案をすると、反応が鈍く、軽くあしらわれるか、即却下されて持論を展開されることがあると思います。

生まれつきのテストステロンの濃度はさておき、**このホルモンが高まる時間帯には、誰もが少なからず共感性に乏しく、興味の幅が狭くなると考えられます。**

自分を中心に考えた場合には、この時間帯に重要な決断ができたら、すぐにでも上司に提案したいところですが、相手のリズムを考慮すると、このタイミングで提案しても実りは少ないのです。

あくまでも自分の中の決断にとどめておき、提案は、この後の最適なタイミングに合わせて行なうようにしましょう。

起床3時間後には「新しい仕事」にチャレンジしてみる

1日のうちで、最も記憶力が高まる時間帯が、起床から3時間後です。この時間帯は、新しいことを覚えるのに最適です。

「時間のミスマッチ」の項目で、朝一のメールチェックをやめてみることをオススメしました。出勤した直後あたりが1日のうちで記憶力がピークなわけですから、ここは、最も大事なことを覚える時間にしたいところです。

午前中には、想定外の仕事が舞い込むことも多いと思います。自分の仕事がたまっているにもかかわらず、上司から「午後一までに仕上げて」と大量の仕事を振られる、ということもあるでしょう。

ここからの時間は仕事への集中力が高いので、想定外の事態に対応することができます。

ただ、上司からの指示には従わざるを得ないかもしれませんが、わざわざ自分から想定外の仕事を呼び込んでしまうのは禁物です。

たとえば、調べものをしていて、関連する情報から脱線していき、自分が以前気になっていたことを熱心に調べ出してしまう。また、他人の仕事に首をつっこんでしまう。

脱線した情報を仕入れたり、他人の仕事の状況を把握するのは、ほかの時間帯に回して、この時間帯はできるだけ自分の仕事に集中するように確保しておきましょう。

記憶力が高まる、とは、何も覚えることだけではありません。記憶には、4つの段階があります。

①記銘：覚えること
②保持：覚えておくこと
③再生：思い出すこと
④忘却：忘れること

これらすべてが記憶能力です。特に、④の忘却は記憶能力としては違和感があるかもしれません。しかし、仕事をテンポよくこなしていくうえで、忘却は欠くことのできない能力なのです。

「フセンに書いてはる」と脳の容量をムダに消耗してしまう

そもそも、私たちの脳は、それぞれ決まった容量があり、その容量を増やすことはできません。

容量がいっぱいになれば、話を聞いていても頭に入ってきませんし、ほかの出来事との関連を見つけて解決するなど、脳内の情報を有効活用することができなくなってしまいます。

私たちが、仕事で成果を上げていくには、単純に脳内に情報を入れていくのではなく、脳の容量を管理していくという視点が必要なのです。

「容量を管理する」と言うと、面倒くさいことをしなければならないイメージを持たれるかもしれませんが、やるべきことは単純で、次の2つだけです。

①余分な情報を入れない
②情報を、外にはきだして忘れる

①は、通勤に関する項目でもお話ししたように、メディアなどによって脳にどんどん流れてくる情報をあえて入れないように工夫することです。

たとえば、文書やグラフ作成をしている作業中は、ＰＣがネットにつながらないようにブラウザを立ち上げたままにせず切っておく。

または、手元の書類で手作業をしているときには、ＰＣの画面が目に入らないように、モニターの電源を切っておく。

こうすることで、想定外の仕事を呼び込まずにすみます。

そして、必要な容量を管理するには、空き容量をつくるために忘れることが必要です。忘却とはいっても、本当にすっかり忘れてしまうわけではありません。

私たちの脳は、いったん見聞きしたものをすべて記憶しています。ただ、そのすべての記憶にアクセスすることができないのです。記憶へのアクセスには、言葉がその役割を担っています。

たとえば、会計処理をしておかなければならないとします。ただ、今の時間は資料づくりに専念したい。そこで、「会計処理」と書いて、手帳をしまいます。

すると、文字を書いた時点で、あなたの脳は、会計処理のことをサッパリ忘れたようになります。アクセスコードである言語を、脳の外に保存したので、いちいちアクセスを保っておかなくてもよくなったのです。

そして、作業を終えてから手帳を開き「会計処理」という文字が目に入ると、あなたの脳は、ちゃんと会計処理を思い出します。

感覚的には、「覚えておくために手帳に書く」という感じかもしれませんが、脳の立場で考えてみると「忘れるために書いている」のです。

脳内で覚えておくべきことに注意を向け続けるのは、それだけで非常にたくさんのエネルギーを消費します。そんなことにムダなエネルギーを消費させずに、さっさとはきだして目の前のことに注力しましょう。

morning night

ここで、注意しなければならないことがあります。

それは、やるべきことをフセンに書いて、見えるところに貼らないことです。「忘れないように」と思ってやっていても、脳にやることを見せ続けていたら、そのムダな情報があなたの脳の働きを邪魔することになります。

書き出したら見ない。脳に与える課題は、ひとつだけにするのがコツです。

最も〝創造的〟で〝知的な〟作業はこの時間が最適

人間の脳が最も活発に活動するのが、起床から4時間後です。

この時間は、1日のうちで最も頭が良く働き、創造性に優れています。

まずチェックをしておきたいのは、この時間帯に、あくびをする、ボーっとする、体がだるい、などの眠気に関する兆候がないか、ということです。もし、これらの様子があったら、前日までの睡眠がうまく調整できていない証拠です。

1日のスケジュールを考えるときに、**最も重要な知的作業を起床4時間後に当てはめる**ようにしてみましょう。この時間には、できるだけ脳が高い集中力を発揮できる環境をつくってあげるのです。

私たちの脳は、「場所」と「行為」をセットで記憶するという特徴があります。

ある場所で行なったことを記憶し、再びその場所に行くときに、あらかじめ前の作業の記憶を呼び出しておくことで、スムーズに作業に入ることができます。脳は、この仕組みを使って効率化を図っているのです。

この仕組みを最大限に利用するには、

起床４時間後は、人間の脳の活動が最も活発になる！

「それしかしない場所」をつくることです。

たとえば、資格取得のための学習をしているとします。その学習専用の机を決めて、その机では学習以外のことはしない。飲み食いや、スマホ、パソコンを使った作業、雑談や仮眠など、学習以外のことをするときには、必ず席を立って場所を変えましょう。

こうすると、脳は、その場所に行っただけで学習を始める準備をするので、座ったらすぐに学習をスタートさせることができます。

フリーアドレスや会社の外で作業ができる人はこれができるかもしれませんが、社内で場所を変えられない場合は、机の「見た目」を変えてしまいましょう。

机の上に、その学習に関係がない書類や資料を置かない。食べ物や飲み物を置かない。

このように、視覚的にその場所が「それ」をする場所だと記憶されれば、脳はすみやかに学習を始めることができます。

とても単純なルールですが、これがなかなか侮れません。

スグやる！　ための「机のルール」

集中して作業をしていたはずなのに、あるとき同じ机でネットサーフィンをすると、その机でネットサーフィンをするイメージが脳につくられます。

すると、「さて仕事だ」と思ったときに、あなたの脳内では、机でネットサーフィンをしているイメージが浮かぶようになります。

こうなってしまうと、机についたらいきなり学習をする、仕事をする、ということはなくなり、やる気が起こってくるまで、気分が乗ってくるまでしばらくネットサーフィンをする、という事態に陥ります。

あなたがやる気を出すために、「目標を明確にする」「すべての作業に締め切りをつくる」「ノリのいい音楽を聴く」などの方法を考えはじめたら、それは、自分の机での仕事や学習の入り方が間違っています。

集中するべき場所で、別の作業（たとえばネットサーフィン）が行なわれた証拠です。

こうなると、その誤った作業から切り替えて、やるべきことを始めなければならず、脳にムダなタスクをいくつも要求することになってしまいます。

起床4時間後に始める作業は、その入り始めが肝心です。

アスリートが試合に入るようなイメージで、自分のピークである時間への入り方に細心の注意を払いましょう。

脳に**「その場所は集中できる」という記憶がつくられさえすれば、その場所に行くだけで、後は勝手に高い集中力が発揮されます。**

人間関係とは「ウイルスの交換」である

午後の会議に比べて、午前中の会議は白熱します。これには、私たちの体のリズム、白血球のリズムが関係しています。

起床から5時間後には、白血球の中の好中球、リンパ球の一種のＮＫ細胞が増加します。これらは免疫を司り、体の外から侵入したウイルスに対抗します。

変な表現ですが、「人間関係とは、ウイルスの交換」です。

人と接して話をするということは、空気を介して、お互いが持っている菌を交換しているのです。

免疫力が十分なときには、どんな人に出会って、どんな菌が体の中に入ってきても対応できます。しかし、自分の免疫力が落ちているときには、他人と接触して菌が侵入するリスクに耐えられない、ということになります。

これで、人に会うのが億劫《おっくう》になったり、人と話をしただけですごく疲れてしまうのです。

このことは、私たちが普段「ストレス」と呼んでいる状態と密接に関係します。

通常は、体の中に菌が侵入すると、免疫システムが作動します。

すると、視床下部《ししょうかぶ》という部位から副腎皮質《ふくじんひしつ》ホルモン放出ホルモンが出て、下垂体《かすいたい》という部位から副腎皮質刺激ホルモンが出て、副腎からコルチゾールが出ると、サイトカインというたんぱく質がＮＫ細胞を活性化して菌を殺す、というシステムが働きます。このシステムは、関与するそれぞれの部位の頭文字をとってＨＰＡ系と呼ばれます。

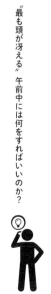

ところが、外から菌が侵入していないのにHPA系が起動してしまうことがあり、このことを「精神的ストレス」と呼びます。

精神的ストレス状態では、免疫システムが起動したのに、やっつけるべき菌がいないことになります。すると、ムダに増え過ぎたコルチゾールによって、記憶を司る海馬の神経細胞が攻撃されてしまうのです。

海馬が攻撃されると、どんな事態になるのでしょうか。

これには、海馬の前に位置する扁桃体《へんとうたい》という部位が関係します。扁桃体は、できるだけ早く敵を発見して、闘うか逃げるかを決める役割を担います。自分にとって害になる存在に常に目を光らせているのです。

一方、その後ろの海馬は記憶を担当しています。自分にとって害のない人物だとわかったら、それを記憶し、次に出会っても戦闘態勢をとらなくても良いように準備します。

つまり、**扁桃体は、免疫システムHPA系を強める役割、海馬は、それを弱める役割があり、この2つが綱引きのように力を均衡させることでバランスをとっているの**

です。

ここで、精神的ストレス状態になるとします。海馬が攻撃を受けるので、海馬の力が弱まります。すると、海馬によって抑えられていた扁桃体の力が強まり、私たちは戦闘態勢に入ります。

たとえば、会議で自分が発言をしているときに、後ろのほうで伸びをした人がいたとします。

すると、扁桃体が過剰に働いている脳では、それをすばやくキャッチし、「あっ！　伸びをしている。自分の話がつまらないから早くやめろってことだな」と自分に害のある人であるというサインだと勘ぐるのです。

さらに、扁桃体によってＨＰＡ系の働きは強められるので、やっつけるべき菌がいないのにどんどんコルチゾールが分泌されて、海馬の力はさらに弱まる悪循環が生まれます。

これが、うつ病の状態です。

私たち人間は、あらかじめストレスの悪循環に歯止めをかけるように、起床5時間後に免疫力を高める仕組みを持っています。

このリズムが起床からスタートしているので、起床時間がそろっていないと、免疫力が十分高まらずに人と接しなければならなくなってしまいます。

メンタルヘルスにおいても、起床時間をそろえて、生体リズムをしっかりスタートさせておくことが重要なのです。

「リスクのある発言」と「チャレンジ仕事」は起床5時間後にする

プレッシャーのかかる会議や責任を負った発言をすることは、この時間に適しています。

免疫力が高まる**起床5時間後は、メンタルが最もタフな時間帯**です。思い切った提案やリスクを冒してでもチャレンジをするのは、この時間帯に当てましょう。

自分がメンタルタフネスならば、ほとんど同じスケジュールで生活している周囲の人もこの時間はメンタルタフネスです。

お互いリスクを負える準備があるときならば、突っ込んだ議論ができます。

午前中の会議では、のらりくらりかわされるような議論ではなく、お互いの本音をしっかりとぶつけ合うことができるのです。

起床2時間後の段階で決断したことや、前の晩に眠ってひらめいたことは、ぜひこの時間に上司に伝えてみましょう。旗色が悪い交渉もこの時間にあてましょう。

きっと真摯に受け取られ、たとえ受け入れられなかったとしても、どこに問題があるのかなど、今後につながる答えが得られるはずです。


起床5時間後は、メンタルが最強！

プレッシャーや
責任に押しつぶされず
発言できる！

もし、人と話をすることや電話をかけるのが苦手な場合は、この時間帯ならば大丈夫です。

朝はなかなかやる気が起こらなくても、この時間になると自然に少し体は動きやすくなるのです。

午後のウトウトを消すランチ前の技

午前中の仕事も一段落し、昼休みに入ります。起床6時間後はとても気分がいい時間帯です。

仕事からいったん解放されて楽しみなことに使える時間ですが、予想されるのは、ランチ後の居眠りです。ここで、**一気に解放してしまう前に、午後の充実のためにほんの少しだけ、手を打っておきましょう。**

それが、ランチ前に目を閉じるということです。

ここで、仮眠に関する研究をご紹介します。

evening p.m. a.m. morning

仮眠をとる習慣がある人たちに対して、やる気の度合いを測るテスト（自記式質問）を行なったところ、やる気が高い人たちとやる気が低い人たちで仮眠のとり方が違うことが明らかになりました。

やる気が低い人たちは、「眠くなったら眠る」という方法でした。それに対して、高いやる気を示した人たちは、「眠くても眠くなくても同じ時間に眠る」という方法だったのです。

なぜ、同じ時間に仮眠をするほうが、やる気が高かったのでしょうか。

こんな経験はありませんか？

会議中に眠気を我慢し続けた挙句に寝落ちしてしまったら、目が覚めた後もまたウトウトするのが繰り返された。ひどい場合には、寝落ちをした後に頭痛に襲われることもあるはずです。

これは、「睡眠慣性」と呼ばれる現象で、物理の慣性の法則からこの名前がつけられています。

寝落ちして目覚めたところで睡眠は終わったにもかかわらず、睡眠の脳波が残ってしまったことで、目は覚めているのに頭はボーっとした状態になってしまうのです。

この睡眠慣性が起こると、集中力は著しく低下し、うっかりミスを繰り返します。「眠くなったら眠る」という仮眠では、この睡眠慣性が引き起こされてしまうのです。

先に述べたように、人間の脳は、食事とは関係なく、1日に2回必ず眠くなる仕組みになっています。これは、「睡眠－覚醒リズム」と呼ばれています。

眠くなるタイミングは、起床か

人間は起床8時間後と22時間後に眠くなり、このタイミングでミスや事故が起こる！

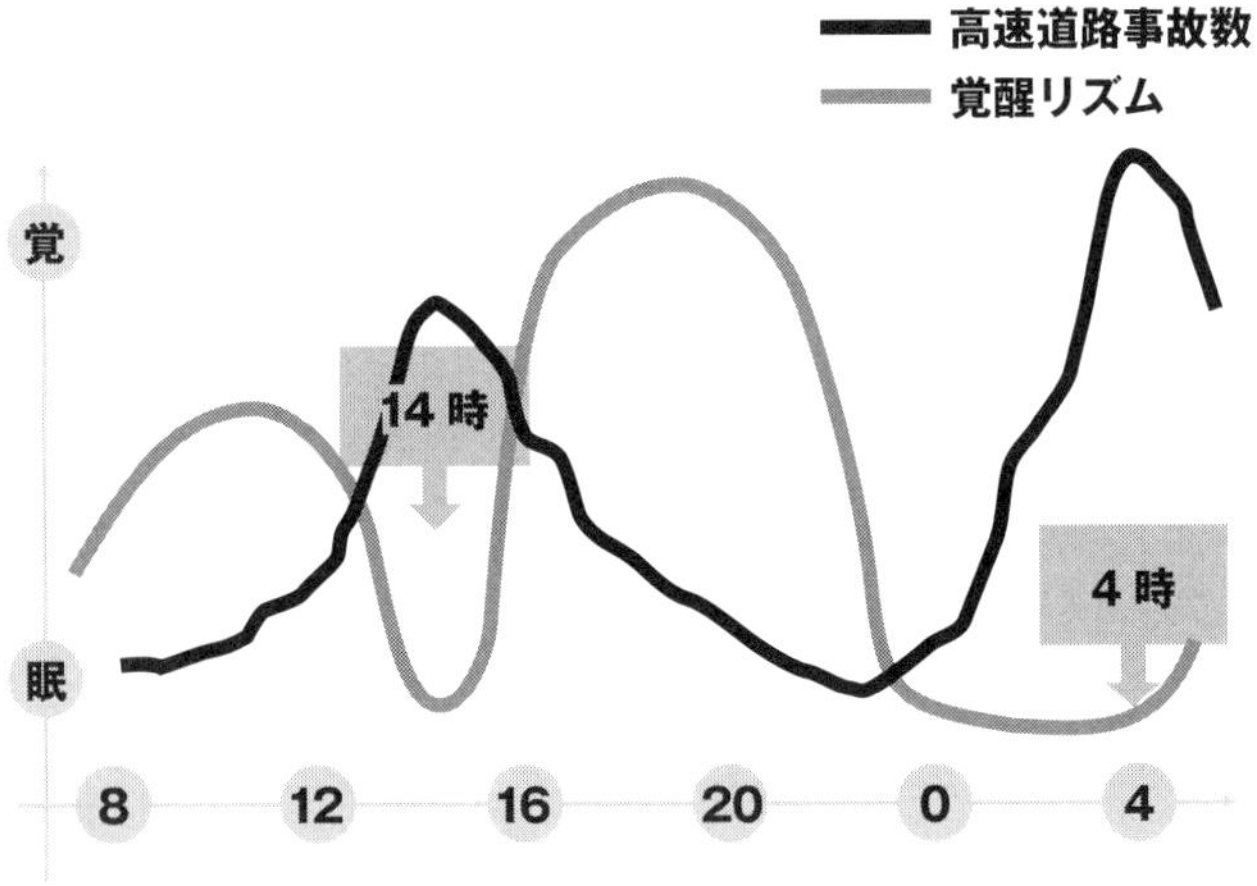

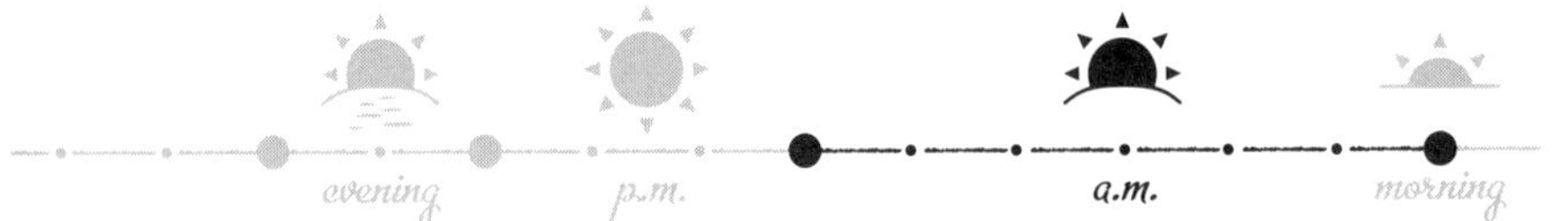

ら8時間後と22時間後です。

たとえば、6時起床の人の場合は、午後の14時と明け方4時になります。

睡眠－覚醒リズムが、「リズム」であることに意味があります。たとえ、そのときにすごく眠くても、時間が経過すれば、徐々に脳が目覚めていくのです。

つまり、私たちがこのリズムをうまく利用するには、次に眠くなる時間帯を予測して、あらかじめ準備をしておくことが重要なのです。

「眠くなったら眠る」という方法は、睡眠－覚醒リズムでは、最も眠くなったところで、その後は自然に脳が目覚めていくタイミングで眠っています。

これでは、せっかく目覚めようとしている波がつぶされてしまいます。

これから目覚めるというタイミングで寝落ちしてしまうと、睡眠慣性が起こり、その後もしばらく眠い状態が繰り返され、午後の時間がしっかり目覚められなくなってしまうのです。

そこで、「眠くても眠くなくても同じ時間に眠る」という方法が最適なのです。

「1分間仮眠」の驚きの効果

仮眠には、4つのルールがあります。

①眠くなる前に仮眠する（起床6時間後が目安）

起床から6時間後のちょうど昼休みあたりのタイミングで、短時間、目を閉じます。するとそれまでの時間に脳内にたまった睡眠物質は分解されます。早いタイミングで眠ったことで、睡眠－覚醒リズムの眠気のピークは早まり、仮眠を終えてから自然に目覚める波に移行します。これで、睡眠慣性が防がれ、午後をスッキリした頭で迎えることができるのです。

②時間は1～30分まで

仮眠の長さによって、その効果は異なります。

1～5分の仮眠では、スッキリした感覚をつくることはできますが、睡眠物質が分解されるには至りません。この程度の時間では、自覚的に眠った感じはありませんが、それでいいのです。

目を閉じると、脳波はアルファ波になります。仮眠とはいっても、実際に眠るというよりは、脳波を変える、というイメージで臨んでみましょう。先ほどもお話ししたように、脳という臓器は、「視覚を遮断しない限り、休憩できない臓器である」ということを覚えておきましょう。

6～15分の仮眠では、脳にたまった睡眠物質が分解され、その後の作業効率が上がることが明らかにされています。

最適な仮眠の時間は、10～20分といわれています。

30分以上の仮眠はどうでしょうか。30分を経過すると、夜の深い睡眠の脳波であるデルタ波が出てきます。

朝起きた段階で、その晩に使えるデルタ波は決まるので、昼の仮眠でデルタ波が出てしまうと、夜の睡眠分が食いつぶされてしまい、夜に寝つきが悪くなったり、睡眠の質が低下しますので注意が必要です。

③ 座ったまま頭を固定する

人間の脳は、重力に対して垂直な位置が保たれていると、深い睡眠に入ることができません。

睡眠は、4段階になっていることをお話ししましたが、座ったままでは、第2段階の「眠った」という自覚が得られる程度の睡眠以上に深くはなりません。

昼の仮眠では、深い睡眠であるデルタ波を出したくないので、横にならず、座ったまま眠ることが重要です。

特に、頭がグラグラしていると、頭が横になったときに深い睡眠に入ってしまいます。深い睡眠に入ったときに目覚めると、睡眠慣性が起こるので、頭を固定することが大切です。

そこで、ネックピローを使ってみましょう。ネックピローを選ぶポイントは、装着後に頭がグラグラしないことです。

　肩からあごまでがしっかりとサポートされていることが条件です。ネックピローでなくても、クッションやタオルなどを使って、しっかり頭を固定しましょう。

　体を休めたいときには、できるだけ横になって、体は水平にすることが大切です。体を休めるときには水平、眠気を取り去りたいだけのときには垂直、と覚えておき、使いこなしましょう。

理想的な仮眠法

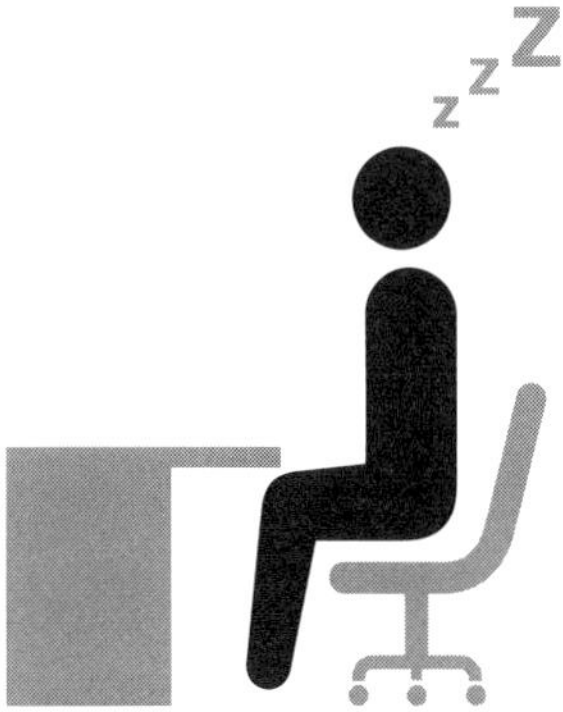

・10～20分が理想的な仮眠時間

↓

・座ったまま首を固定して
深い睡眠にならないようにする

↓

・起きる時間を３回唱えてから
仮眠に入る

④ 起きる時間を3回唱える

仮眠は、睡眠という作業を脳にさせるので、その作業の終了を明確にする必要があります。試しに、「1分後に起きる」と3回唱えて目を閉じると、1分の少し前に心拍数が上がってきて体は起きる準備をします。

仮眠後に速やかに集中できる状態を迎えるために、何分の仮眠であっても、起きる時間を3回唱えて、体に起きる準備をさせましょう。

このような方法は、戦略過眠、計画仮眠、と呼ばれます。眠気の有無を集中力の基準にせず、あくまでも客観的にコントロールしていく姿勢が大切なのです。

「脳の悲鳴」に敏感になってあげよう

突然ですが、書類を読んでいるときに、同じ行を2度読んでしまい、なんだか内容が頭に入ってこない……という体験はありませんか。

実はこのとき、脳はすでに眠っています。

私たちが「眠い」と自覚したときは、脳は**「これ以上は働けないので、いったんシャットダウンして、メンテナンスをさせてください」**というサインを出しているのです。

ところが、私たちは、この眠気をなんとかやり過ごして、働き続けることができます。

「もうダメだ」とサインを出したにもかかわらず無視された脳は、使っていない部位を眠らせながら連続稼働させるという作戦に出ます。

これは、マイクロスリープという現象です。マイクロスリープの時間の長さは、2〜7秒程度。本人は「眠っていた」という自覚はほとんどありませんが、この**マイクロスリープ中には、50%以上の割合でなんらかのミスをしています。**

先ほどの例のように、書類の同じ行を2回読んだり、パソコン作業中に漢字変換やタイピングミスを数回繰り返すといった程度のミスなので、本人しか気づきませんし、大きな事故にはなりません。

自覚的には、「ん？　なんだ？」と違和感を覚える程度ですが、脳は活動の限界を超

えているので、この**マイクロスリープの後に起こるのが、いわゆるヒューマンエラーです。**

私が交通事故を防ぐための研修をしていると、しばしばこんなことがあります。なんでもない場面でうっかりして車をぶつけたのですが、本人にそのときの状況を問うと「眠っていない」と答えます。

事故の原因は居眠りではなくなるので、本人の不注意か事故が起こることが予測できていなかったことが原因とされて、再教育されます。

これでは、「気をつけなさい」という精神論になってしまい、対策をしてもまた同じような事態が繰り返されます。

そこで、研修で「マイクロスリープという現象がある」ということを知っていただきます。そして、ドライバーたちに、心当たりのあるマイクロスリープについて話し合っていただくと、様々なことが出てきます。

「右折をするときにいつもなら目視するのにしなかった」「2つ前の信号が赤になっただけでブレーキを踏んでしまった」「標識を見てはじめて自分が走っている所に気がつ

いた」「インターをひとつ過ぎていた」……などです。

現場で研修をしていると、マイクロスリープのサインは、その人特有のサインがあることに気づきます。右折の目視を忘れる人は、マイクロスリープが起こっているときにはいつも同じように目視を忘れます。

つまり、**「自分のサインは何か」を知っていれば、それが自分の脳の働きを管理することに役立つ**のです。ここで挙げられたサインは、どれも大きな事故になるミスではありませんし、本人しか気づかないようなことです。

しかし、このサインが出ているときには、「自分の脳はすでに眠っているのだ」ということが知識として身につけば、実際にヒューマンエラーが起こる前の段階で対処をすることができます。

あなただけのサインに注目してみてください。それを見つけておき、サインが出たら、1分でもいいので、短時間、目を閉じて、脳にメンテナンス作業をさせましょう。

雑な仕事をしないための〝脳のエラー〟防止策

睡眠と業務の正確性は、とても密接な関係があります。私たちは自覚的に、寝不足のときには仕事が雑になったり、詰めが甘くなることを知っていますが、脳内では、どんなことが起こっているのでしょうか。

寝不足のときの作業の様子を知るには、脳が普段どんな仕組みで働いているのかを大雑把につかんでおきましょう。

私たちの脳は、耳のあたりを境に、前と後ろに分かれています。前が前頭葉《ぜんとうよう》、後ろが頭頂葉《とうちょうよう》と呼ばれています。後ろの脳である頭頂葉には、見たり、聞いたり、触ったりした情報が集まります。

たとえば、デスクの上にカギが置いてあるのを見たら、その情報が頭頂葉に届けられます。そして、この情報は前の脳である前頭葉に届けられます。

このときに、過去の記憶と照合する作業が行なわれ、記憶をもとに見た情報がどん

evening　p.m.　a.m.　morning

な意味があるのかを判断します。

たとえば、デスクの上のカギは、今から打ち合わせをする会議室のカギだ、と判断され、打ち合わせにカギを持って行くことができるのです。

私たちの脳は、常に、後ろの脳で現実の情報をキャッチして、前の脳で判断をして行動しています。

さて、これを前提として、睡眠不足の人の脳の働きをｆＭＲＩで解析すると、恐ろしい画像が映ります。

現実の情報をキャッチする頭頂葉の働きが低下していて、その代わりに、判断する脳である前頭葉の働かなくてもいい部位が過剰に働いているのです。

これはつまり、「この人は今、事実確認を怠って、経験則で行動しています」という画像が映ったということです。

先ほどの例では、デスクの上のカギは見ていたけれど、過去の経験通りに行動した結果、打ち合わせの会議室に到着したら「カギがない！」という事態になってしまうのです。

あなたの仕事場でも、確実な業務をこなすために、リスクマネジメントや安全対策をされていると思います。

ところが、出勤してきた職員が睡眠不足であったら、その職員の脳は、経験則で行動して、確認を怠る状態なので、どんなに素晴らしい対策がとられていたとしても、ミスはなくなりません。

ビジネスマナーや仕事術、事故防止の対策などの前に、それを遂行する人の脳自体がエラーを起こさない状態をつくらなければならないのです。

コラム3

恋愛からテストステロンを知ろう

恋愛中には、男性はテストステロンが低下し、女性はテストステロンが上昇することが知られています。男性は、攻撃性が少なくなり、女性は、逆に積極的になる、と

COLUMN

いうことです。

男性が妙に優しくなったり、女性がすごく張り切って仕事をしていたら、それは恋愛中であるサインかもしれません。

ちなみに、男性は、浮気の場合は、テストステロンが高まることが知られています。本人は大きな勝負に出ていますので、攻撃性が高まっているのです。やけに周囲に厳しく接する人がいたら、浮気のサインの可能性があります。

morning night

第3章　まとめ

- 日記は、睡眠後の朝に書くことで、行動の質が上がる
- 問題を解決する策は、午前中に生み出される可能性が高い
- テストステロンが増える時間に、思い切った決断をする
- 通勤中はノーメディアに努め、脳の働きを向上させる
- 共感性が下がる時間帯の提案は避ける
- やるべきことは、「覚えておくため」ためではなく、「忘れるため」に手帳に書く意識を持つ
- 1日の内で最も「頭が良く」「創造性が高い」のは起床4時間後
- メンタルが最もタフな時間に〝思い切ったこと〟をやってみる
- ランチ前に1分間仮眠をして、午後の〝ウトウト〟を消しておく
- マイクロスリープの後には、ヒューマンエラーに注意する

evening　p.m.　a.m.　morning

第4章

頭が働きづらい午後でも〝生産的に過ごす〟時間の使い方

仕事ができる人の「午後の習慣」

Business stock/Shutterstock.com

午後一には戦闘態勢に入る

昼休みが終わり、午後の仕事がスタートします。

今までは、「さて、仕事に戻るか……」と重い腰を上げていたかもしれませんが、戦略仮眠をとったあなたは、頭がスッキリして爽快《そうかい》感があるはずです。

起床7時間後にあたる午後一は、アドレナリンの分泌が最高になり、テンションが高まる時間帯です。

先にお話ししたように、アドレナリンという名前は、聞いたことがある人が多いでしょう。副腎髄質《ふくじんずいしつ》から分泌され、血圧を上昇させ代謝を促進します。脳に対する作用としては、覚醒作用が働くので目が覚めます。

ここでの「目が覚める」は、午前中の頭がスッキリした状態とは違い、頭の働きよりは、目だけがギンギンに冴えている感じです。

アドレナリンは、動物が敵を監視するのと同じ仕組みで脳を覚醒させます。全身の筋肉への血流が上がり、戦闘態勢に入るのです。自律神経の交感神経が活発になるのも、このタイミングです。

体は戦闘態勢ですが、その源は不安感や恐怖感です。

リスクを負ってでも勝ちにいく攻めの姿勢か、もしくは、自分に害があるものを排除したい守りの姿勢です。

戦闘態勢に入っているときに、細かい議論はできません。

午後一のタイミングで、これまで解決していなかった案件の議論をする場を設定するのはやめましょう。何か提案をする場合でもこの時間は、内容は二の次で上司のOKをもらうだけで良いことを選びましょう。ここで話し合えることは、スローガンやミッションなど、抽象的、概念的なことです。

確実に成果を上げるには、とにかく具体的な目標と具体的な行動計画、と指摘されることも多いですが、実際に、企業では今でも標語をかかげて意識を高める取り組みが毎年行なわれています。

「お客様の満足」「安全第一」という古典的なものから、「ワークライフシナジー」「健康経営」といった、仕事とプライベートの充実を掲げるものまで様々ですが、「今年は私たちの部門はこれでいきます！」といった全体の舵を取るメッセージは、午後一の時間ならば響きやすいのです。

みんなで声をそろえて読み上げたりすると、ちょっとした高揚感や一体感が得られるのも、この時間帯ならではです。

逆に、このような標語作戦は、別の時間帯に声高に宣言すると、「だから何？」「またそれ？」といった冷めた声が周りから上がってしまうので、タイミングを間違えないようにしましょう。

テンションを上げるためには鉄分が必要

このテンションの高さは、心でつくられているというよりは、アドレナリンという物質でつくられているので、その原料が必要です。

アドレナリンが生成されるには、鉄分が必要。鉄不足では、午後一のテンションの高さに乗り遅れてしまいます。

アドレナリンは、チロシンという物質が素で、L－ジヒドロキシフェニルアラニン（レボドパ）→ドーパミン→ノルアドレナリンを経てアドレナリンになります。素となるチロシンが変換されるときに、鉄イオンが介在するのです。

たとえば、鉄が不足すると、アドレナリンの前の物質であるドーパミンが少なくなり、眠る前に足がむずむずして動かしたくなる「むずむず脚症候群」になることがあります。

薬での治療を前提に考えると、「ドーパミンが不足しているのだから、ドーパミンをもっと活性化させるドーパミン作動薬を処方しよう」ということになるのですが、もう少し、根本的なことを見ていくと、そもそも鉄不足が原因であることがわかります。

ドーパミンもアドレナリンも、心理的にはテンションを上げて、何かに熱中したり、没頭するときに働く物質です。**なんとなく覇気がない、何ごとにも熱中できないということがあったら、それは、鉄不足が関係している可能性があるのです。**

鉄分は、体の中でつくることができない物質です。取り込まれた鉄が体外へ排泄される量は、男性では毎日0・6ミリグラムと微量ですが、女性は月経があるため男性の約2倍で、しかも不安定に失われます。

鉄が不足すると吸収を高め、多過ぎたら排泄を高めるように体は調整しているので、健康な状態ならば、必要量の5倍～10倍摂取していても吸収率は正常通りです。

鉄の吸収には、胃の粘膜の働きが重要なので、胃の調子を整えることも、午後のテンションの高さに関係すると考えられます。

イマイチ盛り上がりに乗れないときには、鉄の補給と胃の調子を整えること、この2点を心がけたほうが、無理にテンションを上げようとするよりも省エネだということです。食事を使ったリズムの整え方は、後ほど詳しくご紹介していきます。

ただし、盛り上がり過ぎには要注意！

交感神経が活発になれば、テンションも上がり、やる気になり、仕事もバリバリ。良いことずくめだと感じるかもしれませんが、何ごとも、行き過ぎは良くありません。

ずっとハイテンションで乗り切っている人は、交感神経が過剰に働き過ぎてしまいます。

交感神経が過剰になると、**ろれつが回らない、呼吸が浅い、目が乾く、のどが渇く、動悸がする**などの様子が見られます。長時間パソコン作業をし続けたときに、これを体験する人も多いのではないでしょうか。交感神経過剰によって見られるサインは、全体的に「乾いた状態」になるものが多いです。

たとえば、交感神経が過剰になると、口の中がカラカラになります。これは、交感神経によって唾液中にムチンという物質が増えて、唾液をねばねばにするためです。唾液がねばねばになれば、興奮して大声で熱弁していてもつばが飛ぶこともなく、早口でまくしたてることができます。

体は理にかなった反応をしているのですが、この状態が続くと、常にのどが渇き、目が乾いた感じになり、汗もねばねばしてきて、肌もかさつき潤いがなくなっていきます。

ただ不快な感じがする程度ならいいのですが、さらに進むと、**ろれつが回らなくなっ**

たり、思っていることと違うことを口走るなど、仕事上で支障をきたすようになってきます。

自律神経は、ハイになる交感神経とローになる副交感神経のバランスが大切です。自律神経自体をコントロールしようとすると、毎朝、日が昇ったら活動して、日が沈んだら眠る、という自然に合わせた生活をする、というちょっと現実的には不可能な方法になります。

本書で紹介する午前ハイ、午後ロー、夕方ハイ、夜ローというタイミングを合わせていくことで、忙しい現代の生活なりの方法をつくっていくことが大切です。

午後一はテンションの上がり過ぎに注意！

・喉の渇きや目の乾き
・ねばねばの汗
・肌のかさつき
は注意信号！
ろれつが回らなくなる
思ってもいないことを口走ってしまう

evening
p.m.
a.m.
morning

午後の仕事の効率は「目」と「手」がキーワード

アドレナリンが高まる午後一の時間からは、ただテンションが高いだけで何も作業ができないというわけではありません。この時間帯には、目と手の協調能力が高まります。

目と手の協調？

聞きなれない言い方だと思います。私たちは、普段何気なく、手作業をしていますが、目で見た視覚と実際に手を動かす動作がうまく連動していないと、この作業は成立しません。

その連動が最もスムーズに行われるのがこの時間帯。簡単に言えば、1日の中で一番、手先が器用な時間ということです。

あなたには、手先の器用さが求められる仕事がありますか？　パネルや模型を製作したり、機械を操作する仕事がある人は、この時間が最も正確に作業できます。

1日中パソコンに向かっているデスクワーカーの場合は、**単調な作業に向いている時間**です。注意を要する作業や、ひたすら数をこなさなければならない作業は、午後一からスタートすることをオススメします。

書類や資料の作成、事務的な作業に向いているということです。

ところで、目と手の協調能力と、運動が得意なこととは関係が深いといわれています。これには、小脳という器官が関わっています。

小脳は、大脳の下にあり、しわしわのカリフラワーのような形をしています。大脳

午後一からは何をすればいいのか？

の運動神経と連携して、球技や楽器演奏のときに必要な「タイミングを合わせる」という技術を担っています。

運動が得意な人と、運動オンチな人との違いは、スピードだと思いがちですが、この小脳の能力は、スピードより、運動のパターンをたくさん持っているか否かで決まります。

普段の何気ない作業でも、いろんなやり方でできるように、動作のパターンを多くつくっていくと、目と手の協調が鍛えられます。

もともと、能力が高まる時間帯に鍛えるのが最も効率がいいので、単純作業をいろんなやり方で試してみたり、操作の技術練習をしなければならないならば、この時間にあてるのが効果的です。

起床8時間後には、活動が急激に低下

起床8時間後には、午後一で高まっていたテンションが急激にしぼんでいきます。

脳の活動も低下し、ボーっとして眠くなります。

脳の覚醒も低下するので、ボーっとして眠くなります。この時間の脳内には、睡眠物質が充満します。昼の対策で戦略仮眠ができていない場合は、午後14時あたりに会議を設定するのは、絶対に避けましょう。

この時間の会議で達成できるのは、開始時間の厳守だけです。

外資系の企業では、会議に少しでも遅刻するとすごく怒られるのに、会議が長引いたり、成果物が生まれないことには全く無関心なのはおかしい、とよく話題になりますが、午後の会議では、往々にしてこのような事態に陥ってしまいます。

実際に、研修先の社員の人々の話を聞いてみると、自分の仕事から離れて休憩のつもりで会議に参加している、なんていうこともあります。

私は、企業の生産性がテーマの講演で、「会議で眠らないようにするにはどうすれば良いか」という質問をよく受けることがあります。

仕事上で、問題解決をしようとすると、なぜか、最も難しい場面の最も難しい問題から解決策を考えようとしてしまいがちです。

ですが、これは無理です。会議で眠らないようにするために対策することは、会議の工夫ではなく、それ以外の時間のリズムを整えることです。

実際には、昼の時間帯の戦略仮眠や、休日と平日の起床時間の差を少なくすること、この後でお話をする夕方に体温を上げること、などが対策になります。私たちの脳と体には、時間の流れがあることを基準に考えなければならないのです。

それでも午後しか会議が設定できない場合は、会議の前に、1分間、全員目を閉じてから会議に入るようにしていただくという手があります。これは、会議開始後に出てくる眠気を先に取り去っておく対策です。

会議に入るときには、ちょっとした高揚感がありますが、これによって眠気がマスキングされています。

脳は、実際には眠いのですが、眠気に気づかない状態になるのです。このまま会議を始めれば、最初のうちは気分も張り切っているのですが、徐々に**気分とは裏腹に、知らないうちに意識が遠のいてしまいます。**

気分で対策をするのではなく、あくまでもリズムを操る発想を持ちましょう。会議に入るときには、すでに脳は眠いのです。

これをごまかさずに、実際にウトウトしてしまう前に、1分でいいので目を閉じておく。

たとえば、これから長距離の運転をするというときや、集中して仕事をしたいときには、始める前に、まずは、いきなり1分間眠ってしまうのです。

先手を打って眠気を取り去る。最初のうちは慣れないかもしれませんが、実際に現場で導入してもらうと、会議中にウトウトすることはなくなっていきます。

会議から戻ったら資料を一行だけつくってみる

ぼんやりした会議から戻ると、もうその会議の内容を覚えていない！という人も多くいます。

脳は「場所と行為をセットで記憶する」という特徴を持っています。会議を終えてその内容をすっかり忘れてしまったとしても、本当に脳内から記憶が失われてしまったわけではありません。

会議室からデスクへ、場所が変わったので、記憶が切り替わったのです。試しに再び会議室に行くと、会議の内容は思い出せます。

でもこれでは、会議室でしか会議の内容が活かせません。そんなムダな仕事はあってはなりません。

そこで、**「場所と行為」のセットを移行させる一工夫を加えましょう。**

会議から帰ってきたら、その会議で出た内容をひとつだけ、デスクに座った最初に

午後の会議の内容を深く頭に刻む

ひとつだけ
ひとつだけ
デスクに戻ったら、
会議の内容に関する仕事を
ひとつだけ手をつける

実行してください。資料を一行だけつくる。連絡メールを一通出す。それだけでいいのでやってみてください。

ひとつの行為が別の場所との記憶のかけ橋になり、自分のデスクでも、芋づる式に、会議の内容が思い出せるようになります。

頭が働かない時間帯にはシングルタスクをするに限る！

さて、午後の時間には、頭は働かないものと自覚して、淡々と手作業を進めていきます。

実はこのとき、脳は休んでいるのではなく、睡眠中で見られるような、まとめ作業である、デフォルトモードネットワークが活発になっています。

このネットワークを働かせるコツは、とにかくシングルタスクをすることです。ひとつのことだけに取り組み、ながら作業をしないことです。

手始めに、作業を始めるときには、パソコンのモニターの電源は切りましょう。スマホなどの情報端末は、カバンの中にしまいましょう。午前中にアイデアを練るために使った資料は棚やファイルにしまい、机の上を、これから行なう作業に必要なものだけにしましょう。

もしできるならば、午前中に考えを練るために使ったデスクとは違う場所で、淡々と作業するスペースを確保するのも有効です。間違っても、お茶やお菓子を飲み食いしながら作業をしないでください。

脳は、基本的に、ひとつの課題しか取り組むことができません。できたとしても、せいぜい2つです。

複数の課題を同時進行しているような感じがするのは、脳の中で「転導性注意」という機能を使って、それぞれの作業にスポットライトを当てるように意識を向けるタイミングをずらしています。

ひとつのことを意識しているときには別の課題は忘れていて、結局ひとつずつしかこなしていないのです。この転導性注意は、脳が持つ注意機能の中で最も高度な技術であり、とてもたくさんのエネルギーを消費します。

たとえば、手作業中にパソコンがついていて、メールサーバーが立ち上がっていて、ネットの画像が開かれている。お茶を飲みながら、電話もとる。

これは、特に忙しい状況ではないと思いますが、こんな何気ない状況でも、脳は5つも課題を同時にこなすことを強いられています。

課題の重要性は関係ないのです。くだらない用事でも、最重要な案件でも、課題の数が増えれば、同じように脳のエネルギーは奪われます。転導性注意は奥の手として、本当に忙しくなったとき用に、温存しておきましょう。

頭を使わず、ひたすら手を動かす。

このロー作業で、頭の中がまとまり、午前中までに得た情報は、その後に有効に活用されます。

脳のスケジュールでは、1日中ハイな状態で突っ走るのではなく、昼過ぎにローな状態が挟まる仕組みになっていることを覚えておきましょう。

楽観的な起床9時間後には作戦を練り直す

起床9時間後には、気分が楽観的になり、自分のまずい行動を素直に振り返ることができるようになります。

午後の時間帯に増加する物質にセロトニンがあります。セロトニンは、必須アミノ酸であるトリプトファンという物質が原料です。トリプトファンは、大豆製品やヨーグルト、バナナなどに多く含まれています。

トリプトファンは、昼間にセロトニンに変わり、夜には、脳が眠る時間帯を調整しているメラトニンに変わります。

朝に、納豆と味噌汁、またはヨーグルトとバナナなどの朝食をとることがもともとの文化にあるのは、昼間に元気に過ごし、夜はぐっすり眠るための知恵だということです。

さて、セロトニンは、様々な役割をしていますが、ここで注目するのは、多幸感をつくることです。

薬物によってセロトニンが放出されると、気分が良くなり、楽観的になることが知られています。ここでぜひ、朝からの自分の行動を振り返ってみましょう。

「盛り上がった気分にまかせていい加減な対応をしてしまった……」「相手との議論で、自分の意見がしっかり伝えられなかった……」というように、自分の行動のまずかった点をすんなり振り返られるのが、この時間帯の特徴です。

ここまで本書を読んでいただいたあなたならば、これらのまずい行動は、あなたの性格や能力が問題なのではなく、脳と体のリズムと、実際の作業の時間帯がミスマッチだったということに気づけるはずです。「今後は○時頃に提案してみようかな」と、反省をもとに作戦を練り直すことができます。

また、このタイミングにぜひすませておきたいのが、教育や指導です。

仕事では、どうしても相手を教育したり、まずいところを指摘することが求められます。お互いにいい気持ちはしないことがありますが、技術伝達のためには避けられません。

evening p.m. a.m. morning

午後一にまずいことを指摘すれば、相手は反抗的になるでしょう。

午後のぼんやりした時間を抜けたあたりの楽観的な時間を使って、反省会や教育的指導をしてみましょう。きっと、相手もすんなり受け入れてくれるはずです。

コラム4 「10月10日うつ」って？

精神科の臨床では、「10月10日うつ」という言葉があります。

人間の生体リズムは、現在の太陽暦よりも月の満ち欠けを基準とした太陰暦（旧暦）のほうが基準となっています。

たとえば、桃の節句や七夕など強引に太陽暦に導入されている行事がたくさんありますが、桃の花は咲いていないし、七夕が梅雨だったりと、「変だな？」と思うことがあるでしょう。

COLUMN

旧暦に合わせて暮らす、というのがブームになったこともあります。自然と人間の調和では太陰暦がよいのです。

太陽暦の10月10日は、旧暦の8月28日にあたります。

ただ、今の太陽暦の生活にそれを混ぜると、聞いている人は訳がわからなくなるので、新暦で10月頃に「自律神経が切り替わりますよ！」と注意喚起がされています。

精神科では人間のリズムの不具合がよく表れるので、診察している医師は「なんかこの日ってみんな調子悪いよね」と言っていたら10月10日だった、ということの積み重ねから、「10月10日うつ」という言葉が生まれたようです。

第4章　まとめ

- 午後一にはアドレナリンの分泌が高まり、戦闘態勢に入る
- 交感神経が高まり、テンションが上がり過ぎると、ろれつが回らなくなったり、思っていることと違うことを口走ってしまうので注意
- 午後の仕事は、単純作業を行なうことを心がける
- 会議から戻って、最初にデスクについたときに、その内容についての仕事を少しだけやってみる
- 頭が働かないときは、シングルタスクで乗り切る
- セロトニンが放出される時間帯で反省会を行なう

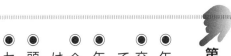

第5章

夕方は体温リズムを使い、サクサク仕事をこなして定時に帰る

仕事ができる人の「夕方の習慣」

YanLev/Shutterstock.com

深部体温のリズムを利用すれば〝特別なことをしなくても〟能力が上がる

時間は経過し、夕方に差しかかってきました。起床から10時間後〜11時間後は、私たちの、体のパフォーマンスが最高になります。この時間帯に最も重要なのが、私たちの内臓の温度である深部体温です。

私たち人間は、深部体温が高ければ高いほど、ハイパフォーマンスになります。国際的な競技では、世界記録はほとんど16〜19時に出ることが知られています。決勝のレースも、夕方に組まれることが多いのです。

たとえば、あなたに握力計をわたして、朝と夕方で計れば、夕方のほうが握力が高いのです。これらはすべて、深部体温が高いことに由来しています。深部体温が最高になるのは、起床から11時間後です。

そして、深部体温は下がれば下がるほど眠くなり、活動ができなくなります。深部体温が最低になるのは、起床から22時間後です。

6時起床の場合は、朝方の4時。どれだけ眠れないという体験をしても、この時間には、なんとなくウトウトしています。

また、この時間は生産的なことができません。

先ほどの睡眠－覚醒リズムのグラフでも見られましたが、交通事故がこの時間に多いことは知られています。過激な言い方ではありますが、たとえば、病院では、**「朝4時には患者さんを殺さないように」**と医療事故への注意喚起をされることがあります。

これは、最低体温時には、絶対にミスを犯すものだと認識しておき、「自分がミスしないとは思うな」と客観的に業務を管理する意識を促しています。

深部体温のリズムは、私たちのパフォーマンスそのものを決めているのです。このリズムをうまく利用すれば、特別なことをしなくても、能力が高まります。

夕方の電車やバスで眠ってはいけない理由

1日のパフォーマンスを向上させるために、最もやってはいけないことは、夕方の時間（起床11時間後）に眠ることです。

日常を振り返ってみると、この危険性が高いのは、外出帰りや帰宅途中の電車やバスです。ここでは、なんとしても眠らないようにしましょう。

深部体温リズムが、私たちのパフォーマンスを決めているということは、ご理解いただけたと思います。

これが、リズムであるということが重要です。リズムなので、その波の大きさ（振幅）が大きければ大きいほど、昼間に元気で夜はぐっすり眠ることができます。

反対に、波のふり幅が小さくなると、昼間は元気がなくて疲れているはずなのに、夜になっても眠れなくなります。これは、メラトニンリズムや睡眠－覚醒リズムを強化する仕組みと同じです。

evening p.m. a.m. morning

私たちは、眠ると体温が下がります。さらに細かく言うと、筋肉が熱を産生する器官なので、筋肉の活動が低下すれば、つまり体を動かさなければ、体温が下がります。体温が最高になるはずの夕方に、電車やバスにゆられてウトウトしてしまうと、ピークになるはずの体温が下がります。

すると、次に下がるはずの波が平坦になります。**夜になっても眠くならず寝つきが悪くなったり、睡眠の質が低下して、きちんと眠っているはずなのに疲れがとれないということになってしまう**のです。

でも、夕方には、1日の疲れが出て、どうしても眠くなってしまうこともあります。しかし、心配しなくても、今はそれでも大丈夫です。夕方に眠らずにすむリズムは、確実につくっていくことができます。

平日のために、休日の夕方にはあえて用事をつくる

本書をこれまで読んでいただき、なんとなく、生体リズムを使った解決方法の特徴

がおわかりいただけているかもしれません。

生体リズムは、その日1日で完結するものではありません。今日つくられたリズムは、明日以降の、未来の自分をつくることになります。

今、目の前の最も解決が難しいことに無理やり取り組むのではなく、私たちの脳と体には時間の流れがあることを意識し、最も簡単にできる場面から変えていけばいいのです。

夕方に眠らないように、体を動かして体温を上げることが、最も簡単にできるのは、休日です。

休日の夕方に体温が上がるリズムが刻まれれば、全体のリズムとして、夕方には体温が上がりやすくなっていきます。

そうすれば、平日の帰りに疲れて電車で眠ってしまうことは、自然になくなるのです。

生体リズムにくさびを打つように、休日の夕方に体温を高く引き上げましょう。

最も簡単なことは、**休日の夕方に横にならないこと**です。体は、知らないうちに重力に対抗して筋力を使っているので、重力に逆らって体を起こしているだけで、筋肉

の活動は保たれます。

そこで、まずは、夕方に横になったり、ソファーに寄りかかったりすることをやめてみましょう。

次にできることは、**座らない**ことです。立って行なう用事をわざと夕方に入れて、意識しなくても夕方に体が動くスケジュールをつくってしまいましょう。

仙骨座り、足を組むとパフォーマンスが下がる

夕方のオフィスを観察してみてください。イスにずっこけて座って作業する人、ほおづえをつき、足を組んで作業をする人が、たくさん見受けられると思います。

これらの姿勢は、体温が下がるので、1日全体のリズムの力が弱くなってしまいます。体温を効率的に上昇させるミトコンドリアは、背中やお尻、特に骨盤内の筋肉に多く含まれています。

イスからずり落ちそうな感じでずっこけて座ることを「仙骨座り」と言います。こ

の座り方では、骨盤内の筋肉が使われなくなります。

　すると、体温が下がってボーっとして眠くなります。同じく、ほおづえをつく、足を組む、ということをすると、これは、骨を使って姿勢を支えているので、筋肉が使われません。

　なんだかぼんやり眠いという人は、骨盤内の筋肉がゆるみ過ぎていることが原因かもしれません。

　ちなみに、職業ドライバーの研修をしていると、交通事故や車の運転でニアミスをする人は、仙骨座りで運転していることが多いのです。この座り方では、ぼんやりし

夕方は姿勢を正す

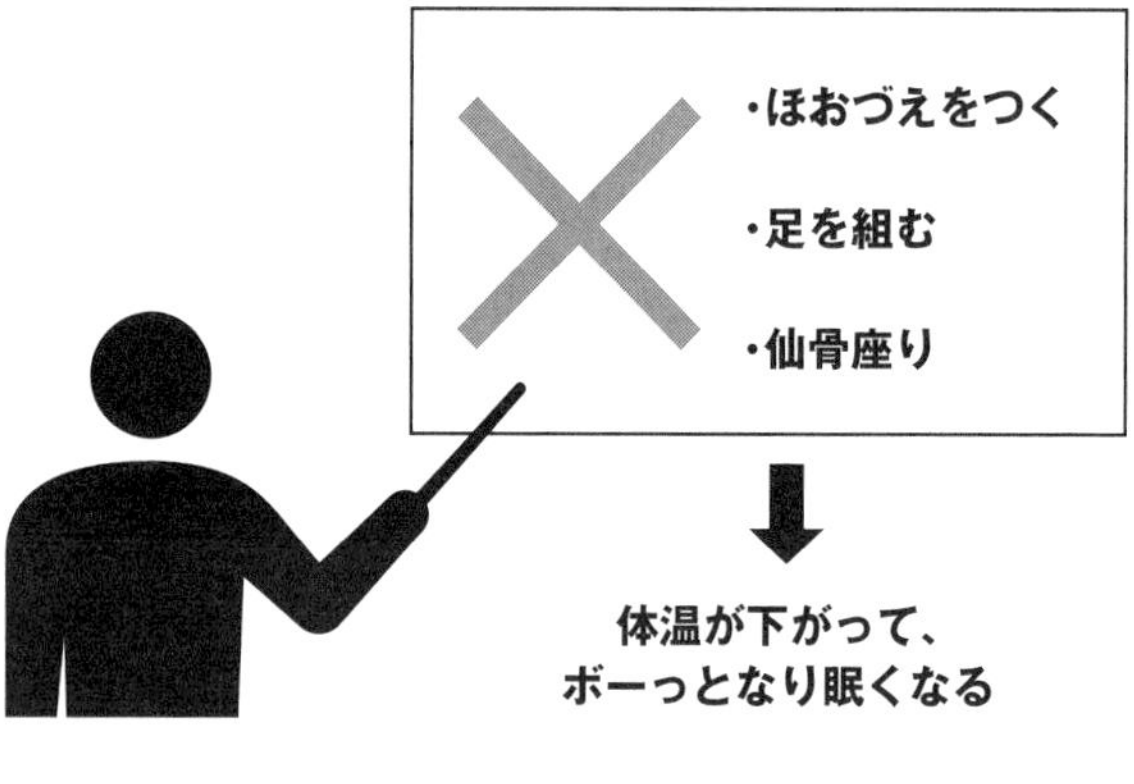

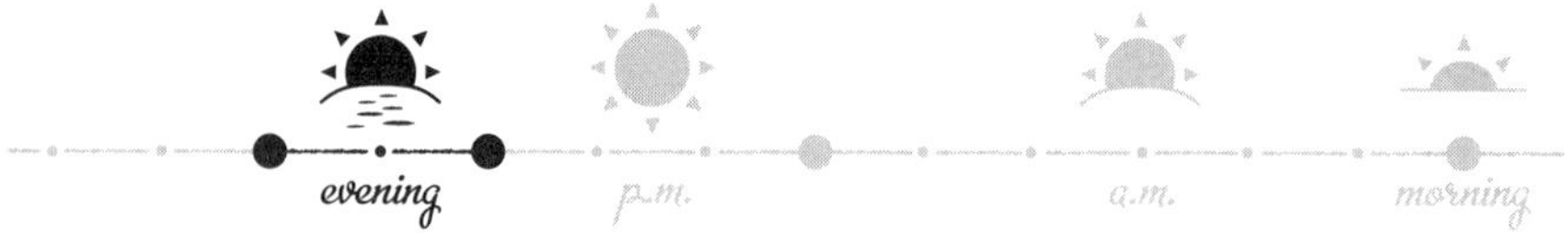

て注意力が低下してしまいます。

夕方には、姿勢を正しましょう。

でも、姿勢を正す、と言われると私たちは、大抵、胸を張ります。これでは、肩や首に無理に力が入っていて、肝心な赤筋が使われていません。

姿勢を正すと言われたら、肛門を締めてみましょう。試しに、座った状態で肛門をグッと締めると、足を組むことができないことがわかります。

肛門を締めて5秒数え、ふっと緩める。これをしばらく繰り返しましょう。これで筋肉の活動を保てば、眠ってはいけない夕方に眠らずにすむはずです。

夕方の仕事は質よりスピード重視！

午前同様、最高体温の夕方も、私たちはハイパフォーマンスになります。午前との違いは、午前はアイデアを出したり、わかりやすく伝えるなど創造性が求められることに適しているのに対し、夕方はスピード重視です。

先にも述べましたが、脳も臓器です。内臓の温度である深部体温がピークになる夕方には、記憶力も判断力も高まります。ここでは、どんどん仕事をさばいていきましょう。

夕方の判断力は**「今日やらないことを決める」**ことに活用しましょう。

終業時間が見えてきたことで、作業への集中力は再び高まります。ここで、今日どうしてもやらなければならないことと、今日できなくても良いことを、どんどん振り分けましょう。

午前の時間帯にこの振り分け作業をするのは、創造性を優先するためにもったいない。また、昼過ぎにこの作業をすると、迷ってグズグズするばかりでいろいろなことに中途半端に手をつけて、かえって残業を増やすことになります。

その点、夕方の集中力をもってすれば、これはたやすいこと。キッパリと繰り上げ作業を決めて、終業までに終わらせることに注力することができるはずです。

どんどん片づけられていく書類を見て、見た目にも達成感が得られるので、1日を通して仕事に対する充実感をしっかりつくっておくのも、仕事を継続していくうえで大切なポイントになります。

ランニング、筋トレは夕方のほうが効果的

もし、体を動かすことができるなら、大きくリズムを改善させることができます。散歩や買い物に出るだけでもいいでしょう。簡単なエクササイズを行なったり、ジムに通えるならば、夕方の時間帯を狙って行なってみましょう。

ここで気になるのは、朝ランニングするのと、夕方ランニングするのでは、どちらが運動の効果が得られるか、という疑問です。**その答えは、夕方です。**

朝と夕方で同じ運動をした人の、運動前後の成長ホルモンの分泌を調べた実験では、夕方のほうが朝に比べて約3倍も分泌が増えたという結果が得られています。

ここでも、人間の生物としての原則、能力が高く発揮される時間帯に鍛えるほうが、効率よく高い効果が得られるということがおわかりいただけると思います。

生活スケジュールの関係で朝しかランニングすることができないという人は、ランニングをする前に、必ず温かい飲み物を飲んでください。

温かい飲み物で直接内臓が温められれば、朝に上がっていく深部体温のリズムをサポートすることができます。

散歩をするなら〝早歩きとゆっくり歩き〟でメリハリを

どうせ散歩をするならば、より効果的に体温を上昇できる方法をオススメします。鍛えるべき筋肉は、ミトコンドリアという小器官がたくさん含まれている筋肉です。ミトコンドリアは、酸素と反応して、持続的にエネルギーをつくり続けます。

私たちの体の筋肉は、白っぽい筋肉と赤っぽい筋肉が混ざっています。白っぽい筋肉は、白筋（速筋）と呼ばれ、瞬発的に速く動くことができますが、持続することは苦手な筋肉です。魚の筋肉で見るとわかりやすいのですが、ひらめのような白身の魚が白筋の持ち主です。

もうひとつは、赤筋（遅筋）で、ゆっくりですが、持続的にずっと動き続けること

evening p.m. a.m. morning

ができます。ずっと泳ぎ続けるマグロが赤筋のかたまりです。

ミトコンドリアは、赤筋に多く含まれています。ですから、赤筋を増やすことができれば、少しの運動でも効率よく体温が上がりやすい体をつくることができます。

ミトコンドリアを増やす運動のキーワードは、インターバルです。

ずっと同じペースで歩くのではなく、**早歩きとゆっくり歩くのを繰り返します。**インターバルの目安は1分以上です。実際にやってみると、1分間早歩きを続けるのも結構大変な人もいるかもしれません。

ですが、ずっと早歩きをするわけではないので、まずは、早歩きをしてみて、少し疲れたら同じ時間だけゆっくり歩く、ということを繰り返してみてください。

これだけで、何気ない散歩の時間を、しっかりエクササイズに位置付けることができます。

コラム5

秋冬にガクッと気分が落ち込むのを防ぐ

1日のリズムから少し離れて、もっと長いスパンで自律神経を見てみると、もうひとつ重要なポイントが見えてきます。9月、10月の秋口に、イライラしたりガクッと気分が落ち込むことを経験したことがありませんか。

私たちの脳と体のリズムは、朝に脳に光が届けられたところからスタートする。そして、季節によって日照時間が変わるので、それによって睡眠時間は変わる、というお話をしました。この日照時間の変化に合わせて、自律神経の働きも変化します。

北半球で生活している場合、日照時間が長い春夏の季節では、気温も気圧も高く、体に負担がかかるので、副交感神経の働きが活発になります。

副交感神経は、リラックスを促す働きをします。すると、運動不足になりがちで、消化が早い甘いものを食べたくなり、ウトウト眠り過ぎるようになります。

一方で、気温も気圧も下がる秋冬の季節になると、冷える体を守るために交感神経

evening　p.m.　a.m.　morning

が活発になります。運動や食事、趣味活動が充実しますが、その反面、イライラしたと思うと急に落ち込むなど気分のムラが激しくなったり、寝つきが悪くなることがあります。

これは体が季節に順応するためにとっている対策ですが、季節が変わったことに体が乗り遅れてしまうと、「季節性感情障害」と呼ばれる状態になります。春夏は五月病、秋冬は冬季うつ病として知られています。

これは、非常に単純な方法で防ぐことができます。それは、重要なので何度も述べますが、休日でも平日でも目覚めたら窓から1メートル以内に入る、ということです。

脳は、朝の光が届くと、その約2カ月後の体の準備を始めます。

たとえば、2月末頃の急激に日の出が早くなっていく時期に朝日を浴びると、甲状腺刺激ホルモンTSHβ、別名「春ホルモン」が分泌され、気温の上昇や気圧の変化に対応できる体をつくっていくのです。

私たちの体は、朝日を基準に、常に2カ月先の体をつくっているのです。これは、脳と体が勝手にやってくれることなので、私たちは淡々と、毎朝窓から1メートル以

morning night

内に入るだけで、季節による不調を防ぐことができます。

注意すべきは、2月末と8月末です。2月はまだ寒いですが、日の出は早まっていきます。

また、8月は日の出が遅く、日の入りが早くなるので、「秋の夜長」と悠長に構えず、少しだけ就寝を早めてみましょう。

秋には、昼頃のイライラや落ち込みが激しい、という人は、ぜひ、季節を先取りする準備をサポートしてあげましょう。

第5章　まとめ

◉深部体温が高ければ高いほど、パフォーマンスは高まる

◉夕方に体温を引き上げるために、休日の夕方に横にならない

◉夕方、姿勢を正して仕事をすることで、パフォーマンスの低下を防ぐ

◉夕方には、やらないことを明確にして、定時に帰る準備をする

◉夕方、電車やバスの中で眠ってしまうと、脳のリズムが崩れる原因となる

◉運動は、朝より、夕方するほうが有効

第6章

脳のコンディションを整える良質な「睡眠の法則」

仕事ができる人の「夜の習慣」

Patrick Foto/Shutterstock.com

どうしてもお酒が飲みたくなったらこうしよう

仕事を定時で終えられれば、それからは夕食の時間です。

1日の疲れをいやすために、プシュッとビールのプルトップを開ける音で、仕事モードがオフに切り替わるという人も多いと思います。

起床12時間後あたりからは、味覚の感度が最高になります。この時間には頭もしっかり覚醒しているので、ランチに比べて、食事への期待も高まり評価も厳しくなります。夕食が1日のうちで一番楽しみ、という人も多いはず。一方で、この時間帯は、肝臓から生成された胆汁酸が脂肪の吸収を高めます。

コレステロールが最も高まる時間でもあります。夕食後にたくさんのエネルギーを消費することはありません。夕食のタイミングで脂肪の吸収が高まるのは、翌日に備えてエネルギーを貯蓄するためです。

体は蓄えのつもりでも、頭では夕食をがっつり食べるのが楽しみだと、うまくかみ合わなくなり体重が増えるだけなので、この仕組みを知ったうえで、おいしいものを少量のときと、がっつりのときと使い分けましょう。

残業があり、早いタイミングで夕食をとれない人の対策は、後に食事の工夫で詳しくお話しします。

夕食時にはアルコールの耐性と分解能力が最高になります。ピークは起床14時間後（たとえば6時起床の場合は20時）で、それ以降は分解能力が低下していきます。

夕食のスタート時に飲むアルコールは、体も最も受け入れやすいタイミングということです。

アルコールは、夜の睡眠に影響があるのか、というと当然影響します。主な影響は2つで、**「脱水すること」**と**「深い睡眠が得られにくくなること」**です。

アルコールは、飲むと汗や尿が増える利尿物質です。ですから、飲めば飲むほど、脱水します。二日酔い症状である頭痛や胃腸の不調は、脱水による血流低下が原因になります。

そして、この利尿作用の関係で、アルコールは覚醒と睡眠に交互に作用するという、

morning

night

変わった影響を及ぼします。

アルコールを飲み始めると脳は覚醒していくので、頭が冴えてきて饒舌《じょうぜつ》になり、気分もハイテンションになります。そのまま飲み続けていると、飲み会の終盤あたりで口数が少なくなり、今度は眠くなってきます。

そして、帰宅後に眠ると、3時間程度で目覚めてしまい、トイレに行った後も、しばらく気分が高揚します。脱水によって、血液中のアルコール濃度が上がったからです。その後、朝方になると再び眠くなってきます。

眠るためにアルコールを飲む「寝酒」の習慣がある人は、最初の覚醒後に眠くなる催眠作用の部分だけを求めているわけですが、**3時間後あたりに目覚める作用ももれなくついてくることを知っておきましょう。**

でも、アルコールを楽しみつつ、夜もぐっすり眠りたいという人もいることでしょう。そういう人は、最初の1杯の前に、コップ1杯の水か白湯を飲むようにしてください。

アルコールの利尿作用で脱水するわけなので、アルコールを飲む前の体の水分貯留量を増やしてしまえばトントンになる、ということです。

飲み会のときにはペットボトルの水を持って行くか、状況が許すならば、最初にお冷をもらって飲んでおきましょう。

そうはいっても、のどが渇いたところで最初に飲むビールが一番うまい、という人は多いと思います。ただ、先に水を飲んでいるほうが、お酒の味はよくわかるということを知っておいてください。

ここでも、楽しみたいときと、明日にダメージを残したくないときで、うまく使い分けてみましょう。

浴室の照明を消して入浴してみる

生体リズムには、光で脳に「朝」をつくることが重要です。起床13時間後からは、脳に「夜」をつくることを考えましょう。夜をつくるというと、寝室の照明を気にする人が多いのですが、寝室は眠るときに照明を消します。大事なのは、その前の、長時間過ごすリビングの照明です。

たとえば、昼光色という青みがかった明るい蛍光灯のシーリングライトを使ったリビングで3時間過ごしていると、分泌されるはずのメラトニンは50％まで減ってしまいます。

脳は、朝の光があたると、その16時間後に眠くなるリズムをつくる、というお話をしました。起床13時間後からの3時間は、本来、脳が眠くなってくるはずのリズムを助けるために、光を減らして「夜」をつくっていきます。

光は、青色に近いほど、メラトニンが減りやすく、赤色に近いほど減りにくいのです。一般に売られている蛍光灯は、青色に近い昼光色、白色の昼白色、赤色に近い電球色の3色です。

もし、リビングの照明を変えられるならば、**夜使う照明は電球色**にしてみましょう。

ＬＥＤ電球をお使いの場合は、何色をしていてももとは青色なので、色を変えてもメラトニンは減ってしまいます。そこで、**照度を落とすか、使っていない照明を消す**などして、光自体を減らす工夫をしてみましょう。

脳は、真っ暗の中で長時間起きていることができません。ですから、真っ暗にしてしまえば、私たちはすんなり眠るのですが、真っ暗の中で過ごすことはなかなかできません。

そこで、できるだけ真っ暗に近い環境にする時間をつくってみましょう。

たとえば、入浴はリラックスしているように思えますが、実は、頭のすぐ近くに照明があるので、強い光でメラトニンが減らされてしまいます。

試しに、浴室の照明を消して、脱衣所の照明だけで入浴をしてみてください。これだけでも十分に見えるので不便はしないと思います。

暗い中に過ごしていると、頭がぼんやりしてまとまっていく感じがあり、入浴後には自然に眠くなってくるはずです。

眠る前に音楽を聞いたり、ストレッチやヨガをするなど、目を使わなくてもよい時間帯があったら、その時間は、思い切って部屋の照明をすべて消してみましょう。

脳を、暗い中に置いて、メラトニンをしっかり分泌させるような気持ちで試してみてください。

入浴の1時間後を目安に就寝する

最後に眠るまでの時間帯をみていきましょう。理想の24時間を過ごすためには、就寝時間を無理にそろえるのではなく、起床時間をそろえて、同じ時間に眠くなるリズムをつくっておき、就寝時間はその日のスケジュールに合わせてバラバラにするのが、現実的な良い方法です。

ここからは、起床何時間後、ということにこだわらず、理想的な眠りへの入り方を考えていきましょう。

私たち日本人は、「体を温めて眠りなさい」と習っている国民です。

特に冬の季節には、入浴でぽかぽか体が温まると、できるだけ早く就寝しようとしてしまいがちですが、これでは寝つきが悪くなり、最初の深い睡眠がとれなくなってしまいます。

夕方にピークを迎える深部体温は、夜の眠る時間に向かってどんどん下がっていき

evening　p.m.　a.m.　morning

ます。

この下がっていく体温をいったん上げているのが、就寝前の入浴です。下がっていこうとする体温をいったん上げると、その反動で、より体の放熱が促進されて、深部体温はぐっと下がります。**このタイミングで就寝すれば、最初の深い睡眠をつくることができます。**

就寝のタイミングは、入浴から1時間後を目安にしましょう。もし、熱めのお湯に長くつかるのが好きな人は、2時間後に就寝するようにします。

夜にランニングをしたり、ジムに通う習慣がある人は、そのときは体温が大きく上昇するので、3時間後あたりに就寝をするようにしてください。

運動によって上がった体温のまま就寝すると、最初の深い睡眠が奪われ、成長ホルモンの分泌が少なくなってしまいます。せっかく運動をしているならば、その効果を最大限に引き出しましょう。

入浴から就寝までの1時間は「大人の勉強」にあてると知識が定着

最初の深い睡眠では、記憶を定着させる作用があることが知られています。記憶は、目覚めていた一番最後の記憶から逆のぼってリプレーされます。

そこでもし、資格試験、仕事のスキルアップなどの学習をしているならば、一番覚えたいことを最後に覚えてから眠りましょう。

私の睡眠外来には、より学習効果を高める目的で、受験生も多く来院されます。受験生によく見られるのは、勉強を頑張った後、自分にご褒美として、漫画を読んだりDVDを見たりゲームをしてから眠る、という習慣です。

これでは、**勉強よりもマンガや映画やゲームの内容のほうが、脳内にしっかり定着してしまいます。**

「頑張ったご褒美に」という考え方を持ってしまうと、脳と体のリズムを客観的に使

evening　p.m.　a.m.　morning

いこなすことができなくなってしまいます。

受験生には、入浴後の1時間に集中して勉強し、その後すぐ眠る習慣に変えてもらいます。

入浴によって深部体温リズムに反動がつき、深い睡眠がつくられるので、そのときにしっかり記憶を定着させるように、覚えておきたい重要なことを学習する。自分は眠ってしまえば、後の仕事は脳がやってくれます。

社会人でも試験を控えていたり、スキル向上の学習をすることがあるならば、ぜひ、この方法を試してみてください。

入浴後の1時間は学習にあてる

自己投資の勉強を
行なうことでしっかりと
記憶が定着する

morning
night

「自分独自の眠気」の定義付けがスムーズな入眠のカギ

先に、生体リズムの乱れを判定する2つの質問をお話ししました。夜になっても眠くならない人は、夜に眠くなるように、脳に眠気をつくることが必要です。

眠くならずにすむのならばその分、自分のやりたいことにあてられる時間が増えると考えてよいのか、というと、そうではありません。

脳の働きは、眠かった頃と変わらずに0時の時点でかなり低下しています。眠くならないけど、頭も働いていない。この状態になった人はよく、「頭は眠いのに目だけ冴えている」と表現されます。

脳を目覚めさせるノルアドレナリンという物質があります。この物質は、脳を覚醒させるのと同時に、不安や恐怖感を生み出します。

ノルアドレナリンは、通常、就寝する30分前から徐々に分泌が低下するリズムを持っ

evening p.m. a.m. morning

ています。ところが、1週間眠る時間を遅らせると、リズムが崩されて、ノルアドレナリンが十分に低下せずに残ってしまいます。こうなると、「頭は眠いのに目だけ冴えている」状態になります。

不安感や焦りが生まれて、イライラしてきます。自分の周りに敵がいる！　と反応しているのです。

深夜まで起きていてネットサーフィンをしていると、人が投稿している記事を見て、やたらに苛立ったり、とり残された気分で焦ったりした経験がある人も多いでしょう。

脳に不自然な覚醒のリズムがつくられてしまったら、今度は、眠くなるリズムを戻していく作業が必要です。

もし、あなたが、夜になっても眠気を感じなくなってしまったら、次の方法を実行してください。

まず、自分の「眠気」のサインを見つけて、それが「眠気」である、と定義付けます。

あくびが出るようなわかりやすいサインがあればよいのですが、わかりやすいサインがない場合は、ささいな変化に注意してみましょう。

夜の眠気を示すサインは、次のようなことがあります。

目の奥が重くなる、体を横たえたくなる、テレビや読書の内容に集中できなくなる、周りの音がうるさく感じる、体がかゆくなる、手足が温かくなる、考えがネガティブになる……。

この中に、夜に自分が感じていることで、「眠気はないけど、それならある」ということがあれば、それがあなたの眠気のサインです。そのほかにも、普段と違う様子を細かく挙げてみましょう。

そのサインが出たら、あなたの脳は「眠い」のだと定義付けします。

そのうえで、本書の内容を2週間実行していると、夜眠る前に「眠気」のサインがみられる日が、1日か2日出てきます。

次の2週間では、自分の眠気のサインが強く出るようになってきます。そして、1日か2日、あくびが出る日があります。ここまでくれば、脳は、慣れてしまった眠気を再び感じられるようになります。

1週間就寝を遅らせて失った眠気を取り戻すには、1カ月かかります。忙しい中でも、夜更かしが1週間連続しないように、少しでも早く眠られる日があれば、そこは睡眠にあてておきましょう。

"あえて思考停止する"ために脳を冷やす

脳も臓器なので、その温度が上がれば、深部体温が高く保たれます。たとえば、テレビやパソコン、スマホの画面を見ると、脳の温度は上がります。

「就寝30分前にはテレビを見るのをやめましょう」という話を聞いたことがあるかもしれません。これは、「ノルアドレナリンが減りはじめる時間帯には、ムダに脳の温度を上げないようにしましょう」という意味です。

就寝前のテレビやネット閲覧で脳の温度が上がってしまったら、そのまま就寝すると、寝つきが悪く、グルグル考え事が出てきてしまいます。そこで、物理的に、脳の温度を下げて眠るようにしましょう。

冷凍庫に入れた保冷剤や、乾いたタオルを冷凍させたものを枕の上のほうに敷き、耳から上の頭を冷やしましょう。耳から上の位置が、私たちが考え事をする「大脳」という部位にあたります。大脳は、周りに筋肉や脂肪が少ないので、直接外からの温度の影響を受けます。

冷たい物をあてて大脳の温度が下がれば、考え事ができなくなり、自然に眠りに入っていくことができます。

注意すべきことは、耳から下の首のあたりを冷やさないようにすることです。首のあたりには、呼吸中枢など生命を維持する機能を司る脳幹があるので、ここが冷えると、「生命の危険！」と脳が覚醒してしまいます。これを避けるために、冷たい物を枕の上のほうにズラして、脳の上半分だけ敷くのがポイントです。

ここでも、生体リズムの良いときを鍛えると、よりリズムが整うという仕組みが関係します。

眠れないときに耳から上の頭を冷やそう、と思いがちですが、それよりもさらに根本的に問題を解決するには、よく眠れるときこそ、耳から上の頭を冷やすということが大切です。

普段から、眠り始めに大脳の温度が下がるリズムがつくられていると、多少ショックな出来事があったり、テレビやネットを見て脳の温度が上がっても、すぐに温度は下がりやすくなります。脳に、鎮静すべき時間帯を教え込んでいくように、戦略的に温度を下げていきましょう。

「ベッド=考える場所」になっている人が案外多い

脳にとって睡眠は、ひとつの作業だと位置付けましょう。脳は、「場所」と「行為」をセットで記憶します。ベッドで眠る以外のことをすると、その場所は、読書やテレビを見たり、スマホを扱う場所だと覚えます。

すると、次にベッドに入るときには、なるべくスムーズに読書などができるように、準備して臨むようになります。これでは寝つきが悪くなったり、睡眠の質が悪くなってしまうのです。

先ほどからお話ししているように、睡眠は、記憶力や集中力を発揮するために必要な作業です。その作業を、充実して行なえるように、脳に睡眠の作業場所をしっかり覚え込ませましょう。

ベッドで眠る以外のことをしない。これは考え事も同じです。大脳が鎮静することが眠るための条件ですが、眠ろうと目を閉じて、15分間眠れなかったら、その後は、大抵1時間は眠れない構造になっています。

15分間経過すると、そこからは、大脳は覚醒する時間に差しかかるので、いくら頑張って眠ろうとしても、1時間はベッドの中でグズグズ粘ることになってしまいま

就寝前にやってはいけないこと

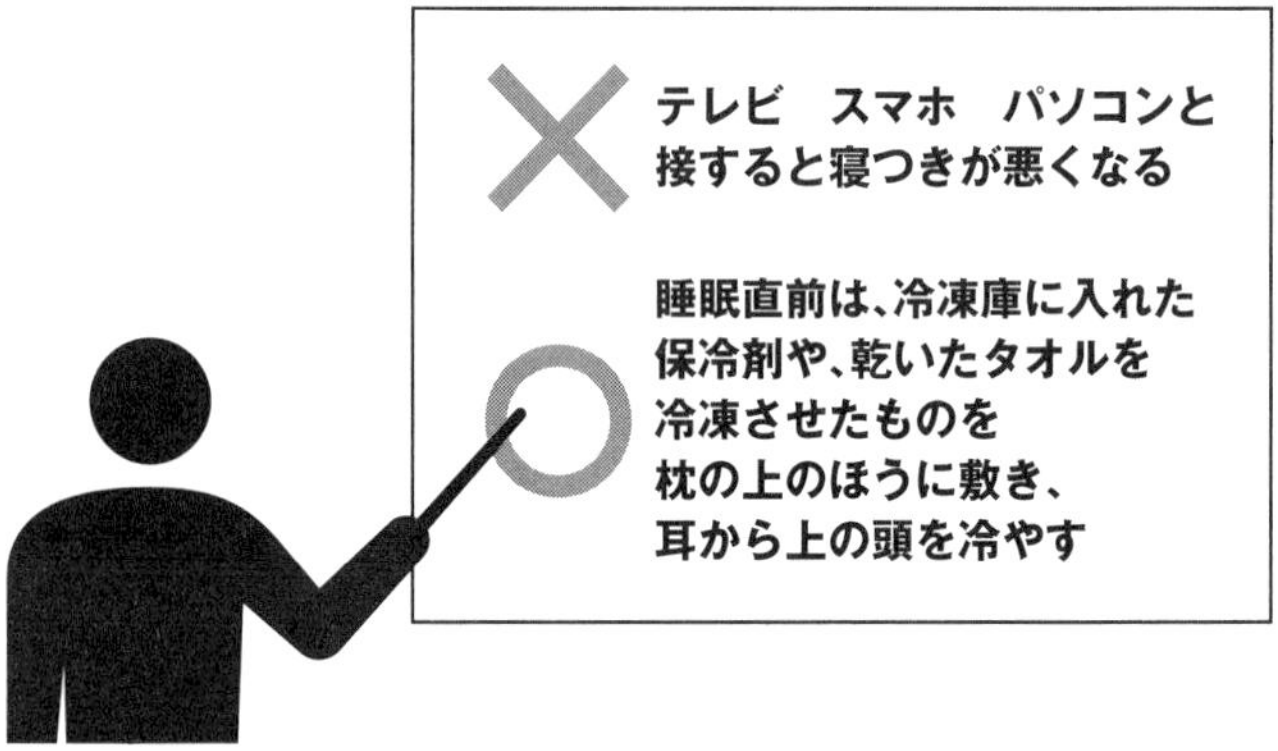

す。「明日は早く起きなければならないのだから」と、できるだけベッドの中で粘っていると、「ベッド＝考え事」と脳が覚えます。

これでは、ベッドに入るたびに考え事をするようになってしまいます。

15分眠れなかったら、思い切ってベッドを出てみましょう。

ベッドの外で過ごし、1時間ほど経ったらまた眠気のサインが出るはずなので、そのタイミングでベッドに入るようにしましょう。

いい眠りは〝前かがみ横向きの姿勢〟で達成される

しっかり眠っているはずなのに、昼間に頻繁な眠気を繰り返すときは、睡眠中の呼吸が問題かもしれません。

眠り始めにしか深い睡眠は出ないので、そのタイミングの**呼吸量を増やすと睡眠の質が上がります。**

morning

night

仰向けに眠ると、重力が上からかかるので、あごや舌などの筋肉が引き下げられ、呼吸がしにくくなります。

そこで、うつぶせ寝、正確には前かがみ横向きの姿勢で眠ってみましょう。顔を左右どちらかに向けて枕の端にのせ、顔を向いた側の手を顔の前に置き、反対側の手は体に沿わせるように伸ばします。手を曲げたほうの胸の下には、クッションを入れます。

この姿勢で重力が背中側からかかると気道が開き呼吸が深くなります。30〜90分で寝返りをするので起きたときには仰向けや横向きです。それで大丈夫です。

寝姿勢を変えると、呼吸筋が動きのパターンを覚えるのに4〜14日かかります。もし試されるならば4日以上試すようにしてください。

私の睡眠外来では、この姿勢で眠ることができる「眠気スッキリ枕」（小栗株式会社）を使っています。枕を使う前に、昼間の眠気の尺度を図るエップワース眠気尺度（JESS）というテストをします。

このテストは、11点以上になると、日常生活に支障をきたすほどの眠気があることを示します。昼間のパフォーマンスが低下していることがうかがえます。

その後、「眠気スッキリ枕」を使い始めて2週間後は、平均7点。これで、昼の眠気で悩むことはなくなっています。

睡眠中は、昼間の集中力を高めるための呼吸トレーニングができる時間、と位置付けて、ぜひ、有効活用しましょう。

昼間の眠気に悩む人が「眠気スッキリ枕」を使った結果、2週間後に10人中8人が異常な眠気なしに改善

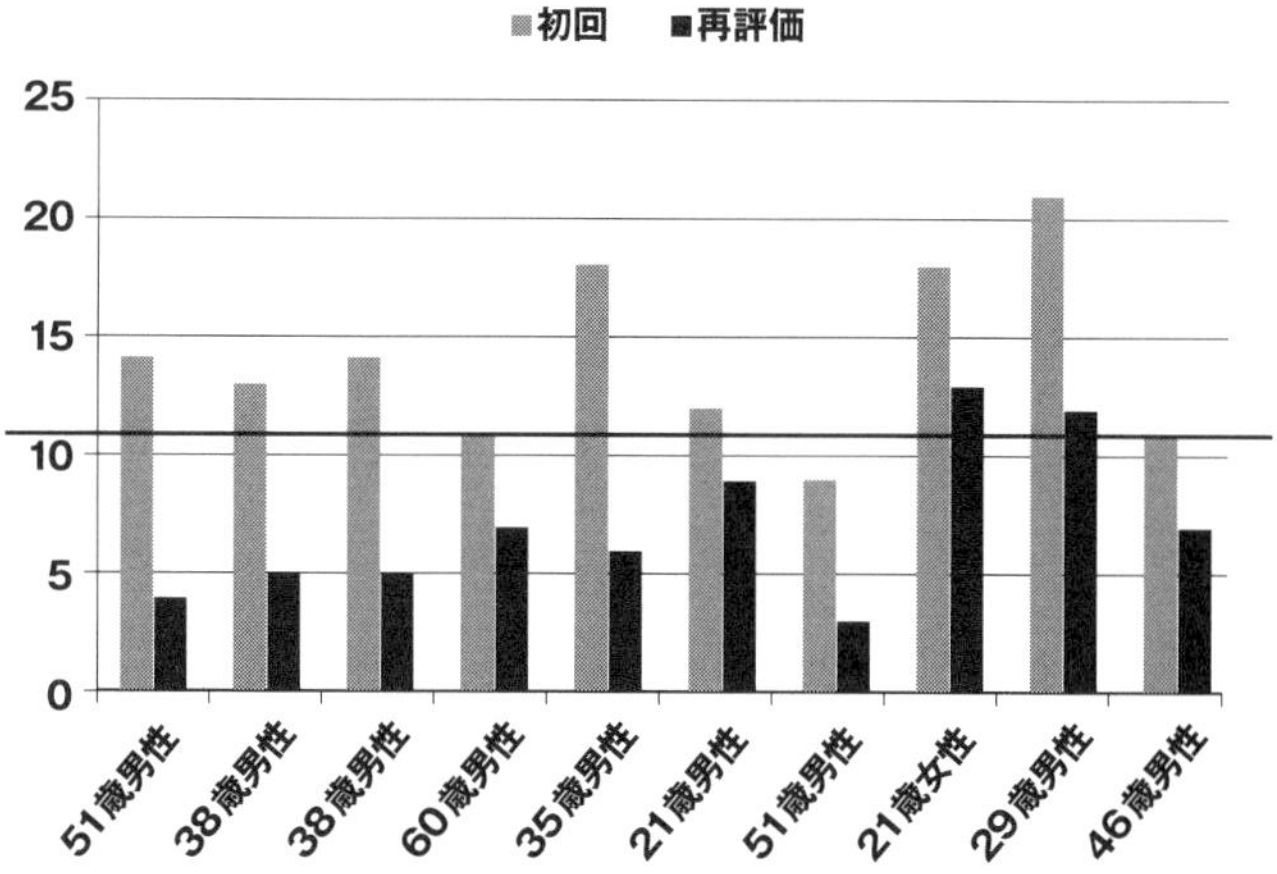

〈ベスリクリニック調べ〉

コラム6

もしかして、レム睡眠行動異常症？

もし、「最近、眠っている間にうなっているけど大丈夫？」と言われたり、〝朝起きてみると、枕元に身に覚えのない食べ物のカスが散らばっている〟というようなことがあったら、次の4つの行動をチェックしてみてください。

睡眠は、平均で90分ごとに、深くなって浅くなるというサイクルがあります。それぞれのサイクルの最後に、レム睡眠が出現します。

レム睡眠とは、Rapid Eye Movement（急速に眼球が動く）の頭文字をとったもので、その名の通り、睡眠中に眼球が素早く動いています。

レム睡眠中には、体の動きをリプレーして動作の記憶を定着させていると考えられているのですが、体を動かす神経との接続は切れているので、実際に体は動きません。

ところが、これが接続されてしまうことで、眠っているのに勝手に体が動いてしまうことがあります。

evening p.m. a.m. morning

これは、レム睡眠行動異常症と呼ばれ、男性では暴言を吐いたり、うなったり、壁をたたいたり、蹴ったりと、攻撃的な行動をすることが多いといわれています。

一方、女性は、食べる行動が多く見られます。お菓子を食べてしまったり、レンジでチンする程度の簡単な調理をして食べることもあります。症状は、枕元に身に覚えのない食べ物のカスが散らばっていたり、体重の増加で気づきます。

これらは、薬物療法の対象でもありますが、その前に、次の4つの行動が引き金になっている場合が多いので、それらの行動を避けてみることを試してみてください。

①照明をつけっぱなしで眠っている
（テレビや音楽などをつけっぱなしという場合も同じ）
②朝になっても、カーテンが閉まったままで、暗い状態で二度寝をする
③足首が冷えたままで眠る
④深酒

これら4つの行動を排除して、先ほどのような行動が見られなくなれば、病気の心配はありません。

身内や友人など、世間話で話題に上ることがあったら、ぜひ、この4つのNG行動を伝えて、早めの改善に力を貸してあげてください。

第6章　まとめ

◉明日にダメージを残したくなければ、お酒を飲むときには、水か白湯を用意する
◉照明を電球色に変えると、スムーズに睡眠に入ることができる
◉就寝のタイミングは、お湯の温度によって、調整する
◉自己投資などの大人の勉強は、就寝前の1時間がベスト
◉眠気のサインを知ることで、「眠いのに目が冴える」状態を改善する
◉スムーズな入眠のための〝頭の冷やし方〟にはコツがある
◉15分眠れなかったら、布団から出て、約1時間後にくる眠気を待つ
◉良質な睡眠は、睡眠中の呼吸をコントロールすることが大切

morning　night

付録

仕事ができる人の「最強の食事」習慣

Yuganov Konstantin/Shutterstock.com

“朝がっつり”“夜あっさり”で生体リズムを整える

最後に、食事を使って生体リズムを整える方法をご紹介します。

これまでは、朝の光を脳が感知することがすべてのスタートであり、光によって脳と体のリズムがつくられているとお話ししました。

私たちには、光とは別に、もうひとつ生体リズムを整えることができるものがあります。

それが食事です。

食事は、２つの要素で生体リズムに影響を与えています。

ひとつ目は、糖質です。

どんな食品が生体リズムを動かしやすいかは、グリセミック・インデックス（ＧＩ値）

evening p.m. a.m. morning

でわかります。GI値とは、食べた後2時間までの、血液中の糖質の量を計測したものです。

たとえば、わかめや海苔のように、糖質が少ない食品のGI値は10です。それに対して、飴玉や氷砂糖など糖質そのものはGI値100です。

GI値が高ければ、食後に血糖値が上がります。血液中の糖質が高まると、インシュリンがそれを分解して血糖値のバランスをとります。

この**インシュリンが、生体リズムをスタートする決め手になっている**のです。インシュリンが増えると、生体リズムは動くのです。

ということは、生体リズムをスタートさせたい朝には、血糖値が上昇しやすいGI値の高い食品をとることが有効です。

では、夜の場合はというと、夜には眠くなってくるはずなのですが、GI値の高い食品をとってインシュリンが分泌されると、生体リズムが後ろにズレて、さらに夜更かしできるようになり、朝は起きづらくなります。

生体リズムをムダに動かしたくない夜には、GI値の低い食品をとることが有効だということになります。

ここであなたの普段の食事を振り返ってみましょう。

健康志向が高い人ほど、朝は健康的なメニューを食べているかもしれません。朝には、野菜を中心に糖質が少ない食品をとる。

一方で、1日頑張った自分へのご褒美として、または仕事のつき合いとして、夜には糖質の多い食事メニューになっていませんか。

朝はヘルシーに、夜はがっつり、という食べ方をすると、**生体リズムは、夜に活発になるように全体的に遅れていきます。**

すると、午前中は頭がボーっとして、帰宅後から頭が冴えて夜には眠くない状態がつくられてしまうのです。

食事を使って体にスタートのサインを送る

インシュリンは、血糖値が高くなるとインシュリンが増えて、インシュリンによって血糖値が下げられるとインシュリンの分泌は減る、という具合で調整されています。

このインシュリンには、食事時間を待つ「インシュリン準備状態」があります。

インシュリン自体に1日の中で増えたり減ったりするリズムがあり、単に食事をして糖質が吸収されたらインシュリンが増えるというだけでなく、いつも食べている時間帯に食べたものほどすばやく糖質が分解されるのです。

もし、あなたが平日も休日もたいてい同じ時間に朝食をとっていたら、あなたの体の中では、**インシュリンが朝食時間前から「よーい」と、準備状態に入っています。そして、朝食をとった時点で、「どん！」と糖質を分解します。**

「朝食からがっつりと甘いものや炭水化物を食べたら太ってしまうのでは……」と気になる人もいるかもしれません。ですが、インシュリンが準備状態になった後の食事はすばやく分解されるので、朝食時に糖質を多く摂ってもそれが体重増加には結びつきにくいのです。

インシュリン分泌が合図となって生体リズムがスタートするので、自分が「朝」にしたい時間の食事で、脳と体に「朝」がきたことを知らせるイメージを持つと、調整しやすくなります。

朝食は「焼き魚」か「ツナサンド」がベスト

インシュリン分泌が生体リズムを調整するカギになるならば、インシュリンがより出やすい食品を朝に食べれば、朝からフルパワーでバリバリ活動できることになります。

インシュリンが出やすい食品は、先ほど挙げたように、GI値の高い食品です。

また、脂質で調べられた研究では、魚の油、特にマグロが最もインシュリンを増やすのに効果的だということが示されました。

マグロの油とは、つまり、ツナです。

ツナがインシュリンを増やす仕組みを簡単に見てみましょう。体の中の大腸につながる回腸という部位にGRP120という受容体があり、ここにω《オメガ》-3脂肪酸がくっつきます。すると、GLP-1というホルモンが分泌され、インシュリンの分泌が促されます。

つまり、このω－3脂肪酸がインシュリンを増やすカギであり、ツナをはじめ、青魚、えごま油、クルミ、豆腐などω－3脂肪酸を含む食品を朝に食べることが生体リズム調整には重要になるのです。

最近話題のチアシードをはじめ、健康系飲料にもω－3脂肪酸と標記してあるものが多いので、チェックをしてみてください。

朝食には、魚の油ということで、和食なら焼き魚定食、洋食ならツナサンドが最適ということです。

「なんだ。普通の朝食じゃないか」と思われた人もいると思いますが、その通りです。

時間生物学を突き詰めていくほど、日本

生体リズムを整える朝食とは？

朝食は、焼き魚定食かツナサンドが最適

ツナ、青魚、えごま油、クルミ、豆腐、チアシードなどω-3脂肪酸を含む食品を朝に摂ることが生体リズム調整には重要

に古くから根ざしている食事スタイルが非常にうまくつくられていることが明らかになるのです。

「ダラダラ食べ」で仕事効率が大幅ダウン

「健康には○○を食べればよい」と言われても、その食品を常に食べることは現実的ではありませんし、高価な食品だとお金もかかります。

食事の内容よりも、誰でも簡単に生体リズムが整えられる方法はないのでしょうか。

そこで役立つのが、生体リズムに影響を与える2つ目の要素、絶食時間です。

ここで、絶食時間による生体リズムへの影響を知るために、スッキリ起床する役割を担う物質として登場したコルチゾールというホルモンを例に見てみましょう。

起床準備を整えるコルチゾールの分泌は、通常3食の食事リズムの場合、朝が最高で夜にかけて最低になります。ところが、食事のパターンが変わると、コルチゾールの分泌パターンも変わってしまいます。

evening p.m. a.m. morning

口から食事がとれないために十二指腸内に直接チューブで栄養液を送る状態の人のコルチゾールの分泌を計測した研究では、朝8～20時までで、通常の3食のタイミングで栄養液を送ると、コルチゾールは朝が最高で夜に最低になる通常のパターンのままでした。

ところが、朝8～20時まで連続して栄養液を送り続けると、このリズムはなくなり、常にコルチゾールが同じ程度の量分泌されている状態になりました。

今度は、朝8～20時まで栄養液を送ると、夕方にコルチゾールが最高になる新しいリズムがつくられた、という結果が得られました。

これを私たちの生活にそのまま当てはめて考えてみると、**食事の合間にダラダラお菓子などを食べ続けていると、生体リズムが平坦になってしまい、脳も体も、その活動にメリハリがなくなってしまいます。**

また、夕食と夜食が中心で朝食と昼食が少なくなると、夕方から1日がスタートするリズムがつくられてしまうのです。

最悪なのが「ダラダラ食べ」です。

脳は、活発になるのでもなく鎮静するのでもなく、常にどっちつかずの状態になるので、昼間はぼんやり元気がなく疲れているのに、夜になっても眠れなくなってしまいます。

まずは、「食べない時間帯」をつくるところから始めてみましょう。

無理に食事を我慢するのではなく、食べない時間帯をつくる。そして、食べるときにはしっかり食事を楽しむ。これが大切です。

日曜日の「10時間絶食」が脳のリズムを整える

脳と体は、絶食後の食事からリズムがスタートします。

この**「絶食」の目安は、10時間**です。

「10時間絶食」と聞くと、なんだか断食をするみたいですが、6時に朝食をとっている人が、前日の夜の20時までに夕食を終えれば、10時間絶食したことになります。

evening　p.m.　a.m.　morning

これならば、そんなに大変ではないはずです。

　この10時間絶食の原理がわかれば、毎日実行しなくても大丈夫です。狙いは、連休最後の食事です。

　連休は、どれだけ気をつけていても、朝寝坊になってリズムが後ろにズレてしまいがちです。それはそれで、寝だめを楽しんで、連休明けにダメージを残さず、エンジン全開にできればいいわけです。そこで10時間絶食を使いましょう。

　連休の最終日、たとえば日曜日の夜の食事を、いつもより早くしてみましょう。18時や19時に食事を終えられたら、その後は、

10時間の絶食時間を取ると生体リズムが整う！

たとえば、6時に朝食を
摂るなら、
夜の20時までに
夕食を終える

絶食時間が十分でなければ、生体リズムが崩れていく

飲み物はいいですが、食べ物は食べないようにします。そして、翌月曜日の朝の食事をしっかりとれば、絶食後の食事からリズムがスタートして、連休中につくられた時差ボケは軽減されます。

絶食時間が長ければ長いほど、その後の食事からリズムがスタートしやすくなるので、**連休最後の食事をできるだけ早くすれば、脳と体を休みモードから仕事モードに切り替えることができます。**

もし、残業が多く、帰宅後に食事をすると朝食までの間が5時間未満しか空かないという人は、朝食から昼食、または昼食から夕食が最も絶食時間が長くなり、夜にならないとはかどらないリズムになってしまいます。

この場合は、分食を試してみましょう。

残業前に食事を摂ることは、「できる」と答える人が比較的多いのです。そこで、残業が決まっていたら、残業前に夕食をすませ、帰宅後の食事は摂らないか、摂っても軽く食べるだけにしてみましょう。

こうすることで、脳と体に、どの時間がスタートの時間なのかをわかりやすくしてあげることができます。

空腹は記憶力を上げて一石二鳥！

絶食というと、我慢するネガティブな印象があるかもしれませんが、脳にとっては良いことがあります。

それは、**空腹時のほうが、満腹時よりも、記憶力が上がる**ことです。

空腹時にはインシュリンが低下するのですが、この空腹時のインシュリンが、認知症と関係していることが示されています。

先ほど、インシュリンを増やす食品のところで、回腸にあるＧＲＰ１２０という受容体のお話をしました。

この受容体は、糖尿病の原因遺伝子なのではないかと考えられています。そして、糖尿病で慢性的にインシュリンが減っていると、認知症の原因物質であるアミロイドβを代謝することができずに認知症発症のリスクが高まることが知られています。

インシュリンの上昇と低下のバランスが記憶力にまで影響するのです。

また、人間と遺伝子構造が近いショウジョウバエの研究では、ある匂いをかがせた後、電気ショックを与え、この匂いと電気ショックの関係が記憶できることと、食事との関係が明らかにされました。

通常の食事ペースだと、複数回繰り返さないと学習されなかったところが、**9〜16時間絶食した後では、1回で学習された**という結果から、空腹時には記憶力が高まることが示されています。

これは、私たち人間を含めた動物にとって、空腹時にエサを探しにいくことは危険を伴なうので、元の場所にちゃんと戻られるように、道順に対する記憶力が高まる仕組みが関係していると考えられています。

食べない時間をつくったほうが、記憶力も高まり仕事効率も上がるので、その分、ゆっくり食事がとれる時間が確保できるのです。それによって、インシュリンの上昇と低下のバランスがとれます。そんな好循環を、つくっていきましょう。

食事中に箸を置けますか？

生体リズムにとって最悪なダラダラ食べをしてしまう原因のひとつに、食後にいまいち満腹感が得られないことがあります。

食事全体で噛む回数が少ないと、満腹ホルモン「レプチン」の分泌が不十分になるので、食べ終わった後でもなんとなく小腹が空いた状態が続いてしまうのです。

「食事をよく噛みなさい」と小さい頃から親に言われていた人は多いと思いますが、これだけ「よく噛め」と言われ続けてもなかなかできません。

噛むことは、あまりにも自然な運動なので、意識にのぼることがなく、自動化されてしまっているからです。

そこで、噛む動作を意識にのぼらせる方法を試してみましょう。

それは、食事中に箸《はし》を置くことです。

これからあなたが食事をするときに、箸を持った手に注目してみましょう。口に食べ物を運んだ後、そのまま、次の食べ物を切ったり選んでいる人は、十分に噛まずに次の食べ物を口に運びます。これで噛む回数が減ってしまうのです。

そこで、口に食べ物を入れたら、箸を置いてみてください。**置いてみるとはじめて、自分がいかに噛まずに食べ物をどんどん口に入れていたか、ということに気づきます。**

ダラダラ食べ続ける人には、早食いの傾向があります。

そういう人は、「仕事の合間に10分しかないので、そこでかきこむように食べなければならないのはしょうがない」と話されることが多いです。

それは仕方のないことなのですが、一度、早食いを経験すると、時間の余裕があるときにでも早食いをするようになります。

問題は、早食いをするということより、箸を持った手の運動なのです。手が休みなく口に食べ物を運ぶ動作を自動的に行なえば、嫌でも早食いになってしまいます。

食事中に箸を置く。これは試してみなければ感覚をつかめないので、とにかくまず、箸を置いてみてください。

コラム7

食事で時差ボケを解消する技術

企業によっては、頻繁に海外出張がある人もいると思います。また、海外旅行が趣味の人もいるでしょう。海外を行き来すると昼夜が逆転することもあるので、光のリズムでコントロールするのはなかなか難しい。そこで、食事を使ったコントロールを試してみましょう。

ひとつは絶食を使った方法です。現地の朝食を「朝」と体に教えるために、機内食を摂らず、現地に夜着いたとしても、何も食べずに過ごし、朝食を摂るタイミングで初めて食べ物を口にすれば、その時点を「朝」にでき、時差ボケは軽減します。

また、食事時間を固定する「アンカーミール」という方法もあります。

出発前に余裕がある場合は、日本にいる間から、朝食、昼食、夕食のどれかを現地の食事時間に合わせておきます。

すべての食事時間を合わせるのは難しいので、今の時点での自分の食事時間を書き

COLUMN

出し、現地時間と照らし合わせて、一番合わせやすい時間帯の食事だけ、合わせてみましょう。その食事がアンカー（錨）のように体のリズムを固定する役割をしてくれるので、現地に行った後の体の負担が少なくなります。

付録　まとめ

◉G1値の高い食事が、生体リズムをスタートさせる決め手になっている
◉インシュリンが準備状態になった後の食事は、すばやく分解される
◉日本に根ざしている食事スタイルは、時間生理学に合致している
◉絶食時間が長ければ、生体リズムがスタートしやすくなる
◉噛むという行為は、意識に上ることがないので、箸の使い方を一工夫する

evening　p.m.　a.m.　morning

おわりに

本書でテーマにした時間医学の考え方は、私たちの働き方そのものを根本から見直すものです。

人間の脳と体のリズムに従って、私たちが毎日行なう作業を見直していくと、まだまだ、個人の力を引き出すチャンスはたくさんあります。

本書で提案をさせていただいたように、普段やりなれている作業の順番をあえて変えることは、最初は少しめんどくさいと感じることもあるかもしれません。

しかし、これまでの作業手順が「必ずしも自分の能力発揮に効果的ではない」と考え、根本的な解決をするつもりで、ぜひ、ひとつでも取り入れてみてください。

生体リズムを活用すれば、最少手数で、最大効果を得ることができます。自分自身にも、相手にも、かかる負担は最小限になります。

そして、人間である以上、本書の内容は、誰にでも当てはまります。

まずは、あなた自身のパフォーマンス発揮のためにご活用いただき、子育てや介護など、ご家族の能力発揮にもご活用ください。

さらに、職場の業務改善や、事故、ミスを防ぐ対策にも当てはめてみると、これまで盲点となっていたことに気がつけるはずです。

私たちはこれまで、便利さを追求し、24時間活動できる社会をつくり上げてきましたが、私たち自身をその社会に適応させる技術はまだ間に合っていません。

今まで経験し得なかった、病気や事故、ミスが起こり、対応は後手に回っているのが現状です。

それにもかかわらず、私たちは、ますます多様な生活スタイルを創造していくことを迫られていくでしょう。

その状況を悲観することなく、むしろ、楽しめるように、自分の理想の24時間を能動的につくっていくことが、本書の狙いです。

私はこれまで臨床や企業研修、リハビリテーションの現場を経験してきた中で、自分の生活や、人生について、能動的になれた瞬間は、とても尊いと思っています。

自分自身で能動的な瞬間をつくり上げようと考えられたときに、人はとても大きな力を発揮します。

本書を通して、あなたが自分自身の24時間において、能動的に、楽しく臨んでみようという気持ちになっていただき、ひとつでもこれまでと違った取り組みが生まれるきっかけになれることを、心から願っています。

著者

【著者プロフィール】

菅原　洋平（すがわら・ようへい）

作業療法士。ユークロニア株式会社代表。

1978年、青森県生まれ。国際医療福祉大学卒業後、作業療法士免許取得。民間病院精神科勤務後、国立病院機構にて脳のリハビリテーションに従事。その後、脳の機能を活かした人材開発を行なうビジネスプランを基に、ユークロニア株式会社を設立。

現在、ベスリクリニック（東京都千代田区）で臨床を行なうかたわら、企業研修を全国で展開し、その活動はテレビや雑誌などでも注目を集める。

社名のユークロニアとは、ユー（理想の）クロ（時間の）ニア（世界）という時間生物学で使われる造語で、「脳と体が持つリズムと社会生活のリズムを噛み合わせれば、パフォーマンスが上がり、病気などの不調を防ぐことができる」という意味がこめられている。

本書では、現在、様々な現場で活用され始めている、時間を使ったパフォーマンス向上メソッドを初公開している。

著書に、ベストセラーとなった『あなたの人生を変える睡眠の法則』（自由国民社）、『すぐやる！「行動力」を高める“科学的な”方法』（文響社）など多数がある。

脳にいい24時間の使い方

2016年10月3日　初版発行

著　者　菅原　洋平
発行者　太田　宏
発行所　**フォレスト出版株式会社**
〒162-0824　東京都新宿区揚場町2-18　白宝ビル5F
電話　03-5229-5750（営業）
03-5229-5757（編集）
URL　http://www.forestpub.co.jp

印刷・製本　日経印刷株式会社

ISBN 978-4-89451-729-5　Printed in Japan